カフェと日本人

高井尚之

講談社現代新書

2287

はじめに――スタバが開国した「女性向けコーヒー」

あなたは「カフェ」と聞くと、具体的にどの店を思い浮かべるだろうか?

スタバこと、「スターバックス」をイメージする人が多いかもしれない。この米国・シアトル発の黒船が、日本に上陸したのは一九九六(平成八)年八月二日だ。場所は銀座の老舗百貨店・松屋の裏で、スタバマニア(スターバックスの熱烈ファン)からは〝銀松〟と呼ばれる。

以来、店舗を増やし続け、二〇一三年で国内の店舗数は一〇〇〇店を超えた。同年三月には、人口二〇万人強の島根県松江市に出店。国内四七都道府県のうち、未進出は鳥取県のみとなった(二〇一四年九月現在。一五年に鳥取市に進出予定という)。日本だけではない。全世界六〇ヵ国以上に展開する巨大チェーンなので、来日直後の外国人が、成田空港や羽田空港にある「スターバックスを見てホッとした」という声も聞く。

喫茶店経営を主な事業としている業者(法人・個人営業)一〇九七社を抽出・分析した帝国データバンクの調査(図表1)によれば、売上高一位はスターバックスコーヒージャパンの一一六五億二五〇〇万円で、二位のドトールコーヒー(六四六億一一〇〇万円)

を大きく引き離している。

なぜスターバックスは、これほど日本で急拡大することができたのか？

最大の理由は、女性に支持されたことだ。後でくわしく紹介するが、それまでのコーヒーはオトコが好む飲み物だった。それを「カフェラテ」（エスプレッソにスチームミルクと呼ぶ、蒸気で泡立てた牛乳を加えたもの）や「キャラメルマキアート」（バニラシロップを入れたスチームミルクにエスプレッソを加え、キャラメルソースで飾ったもの）といった、苦みを甘みでカバーしたミルク系コーヒーで、女性の心をつかんだ。明治時代の開業以来、男性客中心だった喫茶業界にとって画期的なことで、その意味でも「黒船」と呼ぶにふさわしい。

もう一つの人気の理由は「味と接客と雰囲気」だ。これはカフェが長続きする生命線だが、飲料の味、明るくフレンドリーな接客、自分たちの世界でくつろげる雰囲気は、ライバルとされる「ドトール」よりも評価が高い。そのドトール一号店の開業は一九八〇年で、八〇年代後半から店舗拡大に拍車がかかったが、今でも男性客が多い店だ。

価格は、ドトールのブレンドコーヒー（Sサイズ）が二二〇円（税込。以下、注記のないものは税込）なのに対して、スタバのドリップコーヒー（ショートサイズ）は三〇二円（二

【図表1】　喫茶店経営業者　売上高上位10社

順位	社名	売上高	店舗名
1	スターバックスコーヒージャパン（株）	1165億2500万円	スターバックスコーヒー
2	（株）ドトール・コーヒー	646億1100万円	ドトール・コーヒーショップ、エクセルシオールカフェほか
3	ジェイアール東日本フードビジネス（株）	216億200万円	ベックスコーヒーショップ
4	タリーズコーヒージャパン（株）	210億7100万円	タリーズコーヒー
5	（株）サンマルクカフェ	207億6400万円	サンマルクカフェ
6	ユーシーシーフードサービスシステムズ（株）	192億9100万円	上島珈琲店、珈琲館ほか
7	アイビー（株）	170億円	Afternoon Tea TEAROOM
8	（株）シャノアール	147億8900万円	カフェ・ベローチェ、コーヒーハウス・シャノアール
9	（株）プロントコーポレーション	112億2900万円	PRONTO、CAFFE SOLARE
10	東和フードサービス（株）	100億1300万円	椿屋珈琲店、珈琲椿屋茶房ほか

※帝国データバンク「特別企画：喫茶店経営業者1097社の経営実態調査」（2014年2月27日付）をもとに作成した／売上高は2012年度のもの（推定値も含む）

八〇円＋税）。これだけ見るとドトールのほうが安いが、ドトールのSは一三五㎖、スタバは同二四〇㎖なので、分量あたりの単価はスタバのほうが安い。カフェで心地よく過ごすには、少しずつ楽しみながら飲める程度の分量も大切ともいわれる。

スタバは店の外観や内装も一律ではない。たとえば、スターバックス札幌グランドホテル店と京都三条大橋店ではまるで違う。地方取材の際に現地を歩くと、街の雰囲気を損ねている大型量販店も目立つが、スタバは東京・上野恩賜公園店など周囲の風景に溶け込んだ造りが多い。

一号店を銀座でスタートさせて以来、都内のおしゃれな街→大都市の繁華街中心だったのが、各地に拡大していったのはご存じのとおりだ。当時は「『バーニーズ ニューヨーク』だと思っていたのに、どんどん『イオンモール』化していく」と感じ、取材の折にスターバックスの日本法人に聞いたことがある。「そうした声も耳にするが、結局は店づくりにつきる」という答えだった。その後も、ブランドイメージを低下させることなく地方に浸透させた実績は、素直に認めるしかないだろう。

二〇〇〇年代以降は「スタバがあるかどうかが、洗練度のバロメーター」ともいわれる。筆者の分析では、スターバックスの店舗がなじむのは、一言でいって「テラス席が似合う立地」だ。自分の容姿やファッションに自信のある女性が、スタバのテラス席に座る場合、前の道路を歩く人から、自分がどう見られるかも意識する。表参道や青山のようにビルの脇に並木が続く街、渋谷や六本木のように若者や欧米人が目立つ繁華街ならいいが、風俗店や消費者金融の店が多い、競馬の場外馬券場の近くやパチンコ店が並ぶ一角——では成り立ちにくい。

この外資系カフェが持つ、外観や内装、店内の雰囲気といった世界観が、現在の日本におけるカフェの「基準」といえよう。

——と、冒頭から「喫茶店」ではなく「カフェ」と記してきたが、実はこの両者に明確な違いはない。店の業態としては、お客が自分で水も飲食物も運ぶ「セルフカフェ」と、店員が水も飲食物も運んできてくれる「フルサービスの喫茶店」という分け方はある。だがフルサービスでも、店名に「カフェ××」と掲げるように、要は店主の好みでつけられるのだ。たとえば「マンガ喫茶」か「コミックカフェ」かで、店の業態に違いがないように。

実際に店を運営する各社に聞いても、カフェ事業だったり、喫茶事業だったり、まちまちだ（ちなみにスターバックス社内ではカフェとは呼ばず、店の場合は「コーヒーストア」、ドリンクは「スペシャルティコーヒー」と呼ぶ）。

ただし、現代の日本人が持つ一般的なイメージは異なる。カフェという響きは現代的で、喫茶店には昭和的な雰囲気が漂う。若い世代に聞くと、よりそう答える人が多い。一方で、各種の統計資料などは「喫茶業界」や「喫茶店」という用い方がほとんどだ。結局、カフェでも喫茶店でも大差はないが、本書では基本的にカフェの表記を用い、状況に応じて喫茶店を使うことにした。〝カフェ〟と使うと現代らしいが、〝カフェー〟と伸ばすと明治・大正・戦前の言葉となり、ぐっとレトロ感が出る。

欧州では、一七世紀頃フランスにできた軽飲食店を「カフェ」と呼ぶ。それ以前に英国では「コーヒーハウス」が発達していた。カフェもコーヒーハウスも学者や文化人や商人たちが集まって、政治や芸術を語る社交場となった（現在は国によっては、酒類も提供するカフェも多い）。第一章で紹介するが、日本ではそれより二〇〇年以上遅れた明治中期になって、西洋式の喫茶文化がスタートしている。

そんな日本人にとって「カフェ（喫茶店）とはどんな存在なのか」――を探ろうと考えたのが、この本である。

日本国内にあるカフェの店舗数は、最新の調査では七万四五四店（二〇一二年時点。「平成二四年経済センサス‐活動調査」）。最盛期の一五万四六三〇店（一九八一年）の半数以下に落ち込んだが、それでも二〇一四年現在で五万店超のコンビニの一・四倍だ。これは常設店での統計なので、全国各地で開催されるイベントで設けられる期間限定のカフェなどは含まれない。

またカフェを開業したい人は増えており、実際にオープンさせる若者が多い人気業種だが、一〇年、二〇年ともつ店は少ない。そうした特性から、店舗数の半減＝右肩下がりの低迷業界とはいえず、店のスクラップ＆ビルドが多い側面を持つ。

ちなみに、エスプレッソコーヒーが日常生活の一部であるイタリアは、人口（約六〇〇〇万人）は日本の半数だが、「バール」（軽食喫茶店）の店舗数は日本の二倍以上（二〇〇七年で約一六万店）あると聞く。せっかくなので、世界各国のカフェ店舗数ランキングを作ってみたかったが、国によっては業界関係者や大使館に聞いても統計データが見つからなかった。

スタバ上陸以降、女性がカフェ文化の担い手となってから、繁盛する店の業態も変わった。近年は固いイスや座席間の狭い店では落ち着けなくなった〝セルフカフェ疲れ〟の人も増えた。一方で、昔ながらの家屋を店にした「古民家カフェ」も人気だ。古民家カフェの事例は、第三章で少し紹介してみよう。

ところで、私たちはふだん何気なく飲食店を訪れるが、事前に注文するセルフ形式では店側から見て、お客と向き合う角度が違うのをご存じだろうか。大きく分けて、正面から注文を受けるスタイルと、ナナメから受けるスタイルがある。とくに大手チェーンではっきりしており、「ナナメ受け」のセルフカフェ、「正面受け」のファストフードが一般的だ。

この本では、カフェと日本人を、時に正面から、時にナナメから語っていきたい。

目次

※文中で紹介した取材相手の肩書は取材当時、店のメニュー価格等の情報は二〇一四年八月末時点（一部の店は取材時）のものです。

第一章　カフェの誕生

一杯いくらなら出す？

「三〇〇円まで」⟷「五〇〇円を超えても気にしない」。

現在、店で飲むコーヒー一杯を気にせずに払う値段は、大きく二つに分かれる。この意識はセルフサービスのカフェ、フルサービスの喫茶店という業態に関係ないが、店で過ごすときの居心地には関係し、同じ人が日によって使い分けることも多い。

たとえば一三時から会議があるAさん（会社員）が、昼休みの一二時四〇分から一五分間だけコーヒーを飲む時は、一杯二〇〇円程度の「セルフカフェ」を使う。そんなAさんも週末に、前から欲しかったブランド品をセールで手に入れた直後は、上手に買物した余韻を味わいつつ〈今日はリッチな自分でいよう〉と思いながら一杯六五〇円の

「喫茶店」に入る——といったように。

「三〇〇円まで」でいうなら、毎朝、通勤時に会社近くのコンビニに立ち寄り、コーヒーを買う人も多いのではないだろうか。二〇一三年にセブン-イレブンが始めた「セブンカフェ」の一杯一〇〇円（レギュラーサイズ）のコーヒーが大人気となり、一四年二月末で累計販売杯数は四億五〇〇〇万杯を超えた（同社発表）。一店舗当たり一日平均一一〇杯の販売数だという。同業他社もコーヒーに力を入れており、今や、一〇〇円台のコンビニコーヒーは一大勢力となった。

二〇一四年四月に取材した大手カフェチェーン店の経営者は、「もちろん杯数も圧倒的で無視できない存在だが、基本は持ち帰りなので、店で飲むコーヒーとは違う感覚で利用されているようです。今後、喫茶業態に本格進出したら別ですが」と語っていたが、その後に状況は変わり、コンビニがカフェを併設する動きも進む。

かつて「コーヒー一杯の値段は、ラーメン一杯と同じ」という時代が長く続いた。それを〝価格破壊〟させたのはドトールである。一九八〇（昭和五五）年に一号店がスタートしたドトールの最大の功績がこれだ。年々値段が上がっていた喫茶店のコーヒー

（当時の平均は三〇〇円前後）に対して、一五〇円という驚き値で投入し、喫茶店（カフェ）をより身近で、使い勝手のよい存在にした。ちなみに同じ一九八〇年に発売されたポカリスエットが一本一二〇円だったので、店で飲むコーヒーが自動販売機の飲料とさほど変わらない。マクドナルドが一〇〇円コーヒーを販売する現在では誰も驚かないが、三〇年以上前の話である。

長年コーヒー業界に身を置き、ドトールを創業した鳥羽博道《とりばひろみち》氏は「お客さんが価格を気にすることなく、手軽にコーヒーを飲んでもらいたい」という志を持っていた。一五〇円のコーヒーと、鳥羽さん自身がドイツで食べた味を再現したジャーマンドックも評判となり、八〇年代後半から店舗数拡大に拍車がかかる。すると彼は「ウチが一軒出店すれば、周辺の喫茶店一〇〇軒に影響が出る」と豪語した。事実そのとおりだったのだが、一方で、ドトールの影響で街の喫茶店が減り、失われた面がある。店でまったりする「居心地」だ。ドトールより一六年遅れてスタートしたスターバックスは、ソファを置く店舗もあるなど、このまったり感がある（次ページの図表2は両者の対照一覧）。これが日本人の遺伝子（DNA）に合い、スタバの店舗数拡大を後押ししたと筆者は考えている。

【図表2】　スターバックスvs.ドトール

店舗名	スターバックス	ドトール
店のつくり	情緒的	機能的
店舗数	1034店　(2014年3月末)	1095店　(2014年7月末)
客層	女性客、若い世代に人気	男性客、中高年に人気
主力ドリンク	エスプレッソ(ミルク系)	ブレンド(ストレート系)
コーヒー価格帯	中価格帯 (ドリップコーヒーS 302円)	低価格帯 (ブレンドコーヒーS 220円)
フードメニュー	仕入れ商品(ドリンクを重視)	店内加工(フードも重視)
喫煙者には…	厳しい(全席禁煙)	やさしい(分煙)
売上高	1256億6600万円 (2014年3月期)	1135億2000万円(ドトール・日レスホールディングス)／ドトールコーヒーグループでは738億9800万円(2014年2月期)
経常利益	109億9600万円 (2014年3月期)	88億3000万円(ドトール・日レスホールディングス)／ドトールコーヒーグループでは41億1800万円(2014年2月期)

そもそも「ブレンド」ってなに?

多くの人が、あまり深く考えずに注文する「ブレンドコーヒー」(スターバックスでは、ドリップコーヒー)というメニュー——。実は、店によって最も大きく違う飲みものだ。

どう違うのか?

まず、「ブレンド」なので複数の豆を混ぜるが、①使うコーヒー豆が店によって異なる(銘柄によって苦味や酸味、コクといった特徴も違う)。次に、②混ぜる豆の数も違う(三〜五種類が一般的とか)。当然、③混ぜる割合も違う。④焙煎の仕方も「浅煎り」「中煎り」「中深煎り」「深煎り」があり、浅煎りは豆のもつ酸味がより強調され、深煎りは豆の苦味がより強調される。実はどこまで「中煎り」でどこからが「中深煎り」かは店によって異なり、煎り具合を統一した基準がないという。

さらに店で提供する、⑤淹《い》れ方も「布《ネル》ドリップ」（味わいを左右する〝蒸らし〟の効果が出る、雑味のないマイルドなコーヒーに仕上がる）や「紙《ペーパー》ドリップ」（湯の分量や温度を守れば一定の味に仕上がる）といったように違う。経験の浅いアルバイトでもできるように、自動コーヒー抽出機を使う店もある。抽出機ではこれ以外に、豆の量、湯の温度、時間を守れば安定して抽出できる「フレンチプレス」や「エアロプレス」などの器具もある。

昭和時代の喫茶店で人気だった器具「サイフォン」での淹れ方も健在だ。サイフォン式はドリップ式に比べて時間がかかることや、味を一定に保つことがむずかしく、メンテナンスの手間もあるので少なくなったが、米国からきたコンセプト「サードウェーブコーヒー」人気で復活してきた。なお、コーヒー好きが通う「自家焙煎店」とは、④のコーヒー豆の焙煎を自分で行う店のことだ。

このようにブレンド一つとっても、コーヒーは文字どおり〝さじ加減〟によって味が変わり、原料のコーヒー豆も気候や保存状態によって風味が変化する。

最近では「シングルオリジン」を提供する店も増えてきた。まだ一般にはなじみの薄い言葉だが、文字どおり一種類のコーヒー豆を使うもの。その意味ではストレートコーヒーと似ているが、ストレートコーヒーは「ブルーマウンテン」「キリマンジャロ」や「マンデリン」といった産地や銘柄を記しているが、シングルオリジンの定義はさらに細かく、一般には、誰が（どの国のどんな農園で）、いつ作ったかがわかる豆をさす。たとえば「グアテマラ アンティグア サンセバスチャン農園」といったように生産国、生産地、農園名が記されている。中には希少性は高いが、味はいま一つという豆もあり、農作物ゆえ天候にも左右されるところもワインの世界に似ている。人気店のこだわりについては、第四章で紹介しよう。

「カフェラテ」「カプチーノ」と「カフェオレ」の違い

スターバックスの人気メニューに「カフェラテ」（商品名は「スターバックス ラテ」）がある。「はじめに」でも紹介したが、これはエスプレッソにスチームミルク（蒸気で泡立てた牛乳）を注いだものだ。今では同店に限らず、カフェの定番メニューだが、エスプレッソベースで、ミルクの量が圧倒的（エスプレッソ一割に対してミルク九割ぐらい）に多い。

これに近いものが「カプチーノ」だ。エスプレッソ＋ミルクというのは同じだが、スチームミルクの泡立たせ方が、カフェラテよりも多い。スタバの日本上陸（一九九六〔平成八〕年）以前からイタリア料理店の定番メニューだったように、それまではレストランで飲むのが一般的だった。ただし、どこまで泡立たせるかでカフェラテとカプチーノが分かれるという明確な区別はないようだ。カプチーノは泡の上にシナモンパウダーを振りかける店も多い。

一方、昔から喫茶店にあったのが「カフェオレ」だ。こちらはブレンドコーヒーにミルクを入れたもの。コーヒーとミルクの比率は一対一が基本だが、これも基準があるわけではない。昭和時代の喫茶店では「ミルクコーヒー」としてメニュー表に載ることが多かった。ちなみに当時のコーヒーカップは、厚手でずんぐりしたものが主流だった。筆者はミルクコーヒーと聞くと、そうしたカップを連想してしまう。

人類とコーヒーとの出合い

現在では、成人一人当たり平均で一週間に一〇杯以上飲まれるコーヒー（第五章図表12

参照）だが、日本人とコーヒーとの出合いはそれほど古くはなく、江戸時代中期のことだ。日本の話に触れる前に、世界のコーヒーとカフェの歴史を簡単に記しておこう。

コーヒーの発見と普及には諸説あるが、エチオピアのカルディというヤギ飼いの若者が、ヤギを追ううちに偶然コーヒーの実を見つけて食べた「カルディ伝説」が最も有名だ。時期ははっきりしないが六世紀ごろといわれている。その後、コーヒーは一三世紀末ごろにイスラム圏に秘薬として伝えられ、一五世紀には、宗教上の理由で酒を禁じられていたイスラム教徒に嗜好品として広がったという。

カフェの本場・欧州では、オスマントルコのエジプト制圧後にコーヒーがトルコに伝えられ、東ローマ帝国の首都だったコンスタンティノープル（現在のイスタンブール）に、一六世紀半ばの一五五四年にコーヒーを提供する店「カーヴェハーネ」が開店。これが最古のカフェとして記録される。欧州初のカフェは一六四七年のヴェネツィア（当時は共和国）だという。

今でも有名なのは、一六八六年に創業したフランスの「ル・プロコップ」だ。パリ最古のカフェレストランとして人気店となっている。ドーバー海峡を隔てた英国では、カフェではなくコーヒーハウスとして発達した。文字どおり、客は店内でコーヒーやたばこを楽しみ、新聞や雑誌を読み、友人や仲間と懇談するといった業態だった。一六五四年にオックスフォードで創業した「クイーンズ・レイン・コーヒーハウス」は、「Queen's Lane」という店名で営業を続けている。

二一〇年前にコーヒーを飲んだ人気文化人

日本にコーヒーが伝来したのは一七〇〇年前後といわれる。元号でいえば元禄時代。当時は江戸幕府によって鎖国されており、唯一の貿易窓口だった長崎の出島に、オランダ人から伝えられたという。鉄砲を伝来させたポルトガル人やスペイン人は南蛮人、オランダ人は紅毛人と呼ばれた時代だ。鎖国という閉鎖的な時代ゆえ、コーヒーは出島で開催されたパーティなどでふるまわれる程度で、それを飲んだ経験のある日本人は、ごく一部に限られていた。

日本で最初のコーヒー飲用記とされるのは、狂歌師であり、洒落本・黄表紙の作者としても知られる大田南畝《なんぽ》（蜀山人《しょくさんじん》）が一八〇四年に『瓊浦《けいほ》又綴《ゆうてつ》』（瓊浦は長崎の美称）で記した次の一文だ。

紅毛船にて「カウヒイ」といふものを勧む、豆を黒く炒りて粉にし、
白糖を和したるものなり、焦げくさくして味ふるに堪《たへ》ず

南畝（通称・直次郎）は藩士の傍ら、軽妙な笑いと機知のある作品が江戸庶民の心をつかんだ人気者として知られている。いまでいうと、役所勤めをしながら、エッセイストやバラエティ作家として活躍したような多芸な人だが、長崎奉行時代にコーヒーを飲んだ感想をこう記すほど、コーヒーは当時の最先端文化人にも受け入れにくい異国の味だった。

コーヒーが一般人の目に触れるのは、黒船・ペリー艦隊の来航（一八五三年）以降となる。日米修好通商条約（一八五八年）の締結後、長崎、箱館（函館）、横浜などが相次いで貿易港となり、開港地を中心に、日本人による西洋料理店が次々と開店した。明治維新となり文明開化が進んでも、まだコーヒー専門店はなく、西洋料理店のメニューの一部として出されていたにすぎない。専門店はないと記したが、確認できていないという意味だ。

たとえば〝日本の写真術の祖〟である下岡蓮杖《れんじょう》が、一八七六（明治九）年に浅草奥山

に「油絵茶屋」を開設。入場料代わりにコーヒーを一銭五厘（のちの可否茶館と同額）で売ったというが、確証がとれていない。また神戸・元町の茶商「放香堂」や東京・日本橋の「洗愁亭《せんしゅうてい》」などの店が、当時の新聞に広告を出している。だが、これらの店のくわしいことはわかっていない。

ともあれ、黒船来航がきっかけで、コーヒーが人々の目に触れ始めた。そして現代の黒船・スターバックスの日本進出によって、エスプレッソ系のメニューやドリンクが大幅に増え、日本人の舌が肥えたのである。自動車や家電、精密機器業界などと同じく、喫茶業界も欧米に刺激を受けて発展したのだ。

ちなみに、日本が初めてコーヒーを（正式に）輸入したのは一八五八（安政五）年の日米修好通商条約調印の頃で、コーヒーに輸入関税（五パーセント）を設定したのは一八六六（慶応二）年と記録にある。

〝日本初〟の喫茶店はビリヤードつき

実在が確認されている日本で最初のカフェは、一八八八（明治二一）年、東京・下谷区西黒門町（現在の台東区上野）に開店した「可否茶館《かひさかん》」といわれる（読み方は、かひちゃかん、かうひいちゃかん、など諸説あり)。

拙著『日本カフェ興亡記』(日本経済新聞出版社刊)でも触れているが、あらためて「可否茶館」について記すと、非常に画期的だったことに驚かされる。コーヒーを飲むだけでなく、店内にはトランプやクリケット、ビリヤード、碁や将棋などの娯楽品を置き、国内外の新聞、書籍も揃え、化粧室やシャワー室まで備えていた。

この店の経営者は鄭永慶《ていえいけい》といった。名前は中国人のようだが日本人で、代々長崎の唐通事(中国語の通訳)を務めた家系。父の永寧《えいねい》は清国代理公使も務めており、鄭は京都仏語学校を経て、渡米してイエール大学に学ぶ。帰国後は外務省などに勤めた当時のエリート階級だ。そんな経歴を持つ鄭は、可否茶館を「コーヒーを飲みながら知識を吸収し、文化交流をする場」と考えた。これほど充実した設備の裏には事情があり、当初は学校設立をめざしたものの、資金不足でカフェになったともいう。

コーヒーの値段は、一杯一銭五厘。牛乳入りは二銭だった。ちなみに『明治・大正家庭史年表』(下川耿史・家庭総合研究会編/河出書房新社刊)によれば、同年に資生堂が発売した練りハミガキ「福原衛生歯磨石鹼」が紙袋入り二〜三銭、東京の牛肉の値段が一斤(六〇〇グラム)でヒレ三〇銭、ロース二四銭、下等一五銭となっている。一銭五厘は庶民にも手の届く価格だ。

同書で、この年に起きた生活文化を見てみると、関西では山陽鉄道が設立されて一一月に兵庫（神戸）－明石間、一二月に明石－姫路間が開通しており、大阪府の自転車台数は区部七〇〇台、郡部一七九台となっている。大日本帝国憲法の発布は翌年で、欧米列国に対しては、江戸末期に結んだ不平等条約の改正に苦しんでいた時期だ。

二一世紀の視点から見ても、一二五年以上前に出現した可否茶館は画期的な店だった。現在のカフェや喫茶店でも、新聞や雑誌を置く店は多い。「複合カフェ」と呼ばれる店には、ビリヤードを設置した店もある。一九七八年にインベーダーゲームが大流行した時代は、各店が競うようにゲーム機を置き、娯楽性を追求した（同書の続編『昭和・平成家庭史年表』によれば翌七九年七月がピークで、全国の喫茶店に二八万台も置かれたという）。

日本のカフェ・喫茶店（当時はカフェー）は、これまで時代や世相を反映して多くの提案を行い、独自の発達を遂げたが、そのさきがけが可否茶館だった。

だが〝喫茶文化史上初の提案〟は、残念な結果に終わる。一八九二（明治二五）年、わずか四年の歴史に幕を下ろした。

二〇一三年一一月、跡地を訪れた。かつて碑が建っていた場所はビルの建て替え工事

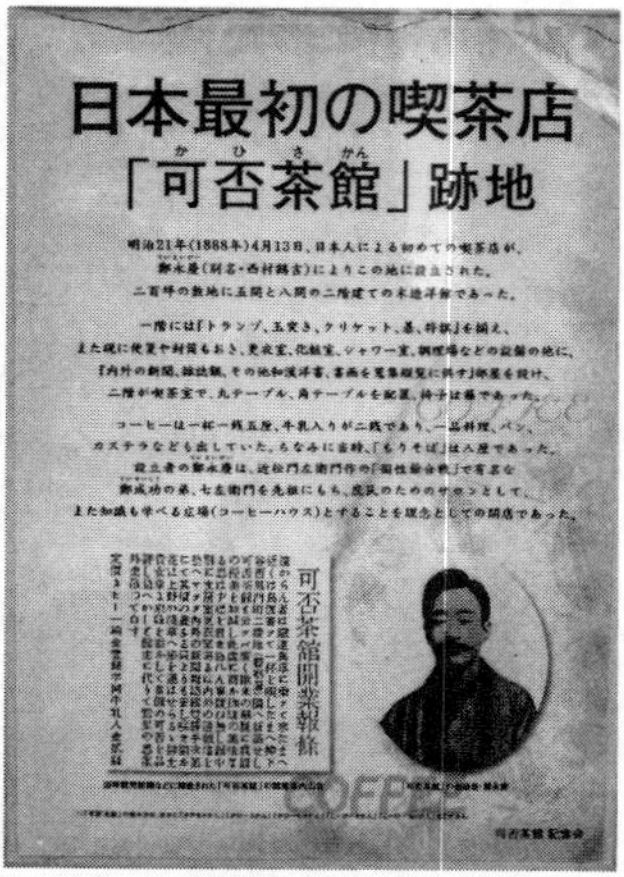

写真1　工事中の囲いに貼られていた説明文

中で、囲いの上に「可否茶館」跡地の説明文と鄭の顔写真が貼られている（写真1）。時々通行人が目をとめて、それをのぞき込む。場所は地下鉄銀座線・上野広小路駅から徒歩三〜四分。中央通りに面しているが現在でも繁華街から少し離れたところだ。当時は住宅街だったという。

歩いて数分の場所に位置する松坂屋上野店の前身は、江戸時代から続く呉服店。明治維新の上野戦争で彰義隊と官軍が戦った際は、店内に官軍の本営が置かれたという。そうした歴史的な場所で、明治二〇年代当時、コーヒーを飲みながら交流するスタイルを定着させるのは、むずかしかった。「上野ではなく、外国人の多い横浜や、異国文化の吸収に熱心な銀座か、海軍施設のあった築地だったら……」ともいわれる。

失意の鄭は、再び米国に渡り、一八九五（明治二八）年にシアトルで客死。現在も当地に眠る。

そのシアトルで誕生したスターバックスが、彼の死後一世紀を経て、日本へ進出して大人気となったのも、どこか因縁めく。米国系企業でありながら、米国流の押しつけではなく、日本の消費者の潜在ニーズを上手に取り込んだのは、鄭の魂が乗り移ったようにも思える。カフェの代名詞ともなったスターバックスの隆盛を、草葉の陰で鄭はどう見ているのだろうか。

一〇〇年以上続く現存最古の喫茶店

今でも営業する国内最古の店は、一九一一（明治四四）年一二月に開業した「カフェー・パウリスタ」だ。パウリスタに先んじて、同年には「カフェー・プランタン」（四月）と「カフェー・ライオン」（八月）という、日本の喫茶史上に残る名店も開業している（本書では基本的にカフェー／カフェの後に「・」を入れて表記した）。

三店のうち、最も開業の早いカフェー・プランタンは、明治初期の建物を模様替えしたもので、パリのカフェをイメージした店づくり。プランタンとは、フランス語で「春」や「青春」を表す。経営者は洋画家の松山省三、店の名づけ親は小山内薫《おさないかおる》（演出家）だった。

店は一般客向けというよりも、文化人仲間が語り合う場所の色合いが濃かった。経営を安定させるため、常連客から維持会員を募って店の運営資金とした。日本初の「会員制カフェ」でもあったのだ。

当時のプランタンを調べた『琥珀色の記憶 時代を彩った喫茶店』（奥原哲志著／河出書房新社刊）によれば、主な維持会員には「画家からは黒田清輝、文学者では森鷗外、岡本綺堂、永井荷風、正宗白鳥、島村抱月、高村光太郎、北原白秋、谷崎潤一郎、役者・俳優では田村寿二郎、市川左団次、女流では長谷川時雨《しぐれ》、岡田八千代」などがおり、「会費は50銭で、店舗2階にあった日本間三室を会員に供し、土曜日と日曜日には特別料理を提供した」という。

カフェー・ライオンは、少し店の性格が異なる。開業時は「精養軒」（現在の上野精養軒。一八七二〔明治五〕年にフランス料理の草分けとして創業）の運営によるもので、メニューの中心は洋酒や洋食。酒も提供し、カフェというよりはバーやレストランの色合いが強かった。店名のライオンは、英国・ロンドンのピカデリーサーカス角のレストラン会館「ジョー・ライオンズ商会」からつけたという。プランタンやライオンについては、第二章でも触れてみよう。

　さて、可否茶館に続き、日本の喫茶業界に大きな影響を与えたカフェー・パウリスタ。パウリスタとは〝サンパウロっ子〟という意味で、ブラジル移民の歴史と密接に関わっている。店を創業したのは、水野龍《りよう》（皇国殖民合資会社社長）。一九〇八（明治四一）年に最初のブラジル移民を運ぶため、神戸港からサントス港に向けて出航した「笠戸丸」の渡航を手がけ、同船に乗ってブラジルに渡った人物だ。

　この移民送り出しの功績により、水野はブラジル政府からコーヒー豆を「毎年一〇〇〇俵・一〇年間無償」で提供されることとなり、大隈重信（第八代、一七代総理大臣／早稲田大学創設者）の支援を受けて店を開業したのだ。実際、無償提供は一九二三（大正一二）年までの長期にわたって続いた。この裏事情としては、日本からの移民にコーヒー園労働をしてもらうため、日本人にコーヒーそのものを知ってもらいたかったこと、日清・日露戦争に勝ち、国力を上げてきた日本にコーヒーを供給することで、将来の市場性に期待したといわれる。

　パウリスタにとって、原材料がタダでコーヒーを提供できたのは大きかった。実は当初の一号店は大阪・箕面《みのお》にあったというが、現存しない。銀座の店は開業三年目の一九一三（大正二）年に早くも改装。白亜三階建ての建物の正面にはブラジル国旗がひるがえった。店のあった場所は、銀座の時事新報社（現・銀座六丁目の交詢ビル）前。外国人客の宿泊の多い帝国ホテルにも近かった。銀座というハイカラな土地で、当時圧倒的な影響力を持つメディアだった新聞社の真向かいという最高の立地で、店は大いに繁盛した。この跡地も何度か訪れたが、今でも飲食店が立ち並び、夜の「ＧＩＮＺＡ」の一角を担う場所だ。

文化人中心だった他の店に対して、パウリスタには一般客も多く、庶民性から「誰もが親しめる喫茶店の元祖」とも呼ばれる。午前九時の開店から夜一一時の閉店まで盛況で、最盛期には一日に三〇〇〇杯とも四〇〇〇杯（！）ともいわれるコーヒーが飲まれたという。

またパウリスタは、日本におけるブラジルコーヒー普及のため、大正期に入ると各地に店舗を広げた。その数は、銀座本店を筆頭に二〇店を数える（図表3）。うち八店が東京市内（当時）、三店が大阪市内だった。それ以外に国内は、北は札幌から南は福岡まで。そして上海の各都市に開店させており、日本で最初のコーヒーチェーン店でもあった。

【図表3】　各地へ展開した「カフェー・パウリスタ」（大正時代）

東京	本社喫店（東京市麹町区）、伝馬町喫店（京橋区）、堀留喫店（日本橋区）、日比谷喫店（日比谷公園内）、浅草喫店（浅草公園内）、錦町喫店（神田区）、神田喫店（神田区）、早稲田喫店（小石川区）
大阪	大阪支店（大阪市南長堀橋）、戎橋喫店（南心斎橋筋）、松島喫店（南末吉町）
名古屋	名古屋喫店（名古屋市南大津町）
札幌	北海道喫店（札幌市北二条）
仙台	仙台喫店（仙台市東一番町）
横須賀	横須賀喫店（横須賀市大滝町）
静岡	静岡喫店（静岡市北間）
京都	京都喫店（京都市下京区）
神戸	三ノ宮喫店（神戸市三ノ宮）
福岡	九州喫店（福岡市博多東）
中国	上海喫店（上海市南京路）

※当時は喫茶店と呼ばず、喫店と呼んだ。地名も当時のもの。

本店は一九二三（大正一二）年の関東大震災で倒壊。この年にブラジルコーヒーの無償供与の契約が切れたこともあり、チェーン展開を縮小する。これ以後は都内で数店を続ける一方で、コーヒー豆の輸入・焙煎業を主体にした。震災の翌年にブラジルに渡った水野から経営を引き継いだ長谷川主計《かずえ》の息子である長谷川浩一《ひろかず》氏（会長／一九二八〔昭和三〕年生まれ）と、勝彦氏（社長）親子が、今でも経営を担っている。浩一さんは東京大学卒業後に王子製紙に十数年勤務した後、四〇歳から家業に携わるようになり、息子の勝彦さんもそれに続いた。

現在、店は銀座八丁目に一店あるのみだが、来日中のジョン・レノンとオノ・ヨーコが、三日続けてコーヒーを飲みに訪れたエピソードでも知られ、安定した集客を保つ。平日の日中に何度か訪れたが、いつも常連らしき年配客を中心に満席だった。二〇一四年九月一三日には店を拡大し、リニューアルオープン。一階と二階を合わせた座席数は約一〇〇席に増えた。これは大正時代の席数とほぼ同じだという。

現在の社業の柱は通販事業と卸売業で、世界各国のコーヒー農園から高品質のコーヒー生豆を直輸入して販売するが、なかでも「森のコーヒー」と呼ばれるサンパウロの「サント・アントニオ農園」の農園主ジョン・ネット氏が手がける、無農薬のコーヒー豆で人気だ。同農園からの豆は年間三〇〇〇俵（一八〇トン）を直接買いつける。創業の原点を踏み外すことなく、一〇〇年を超えた現在でも「ブラジル・サンパウロのコーヒー」にこだわっている。

一時代を築いた「大正ロマン」と「昭和レトロ」

近年、フルサービスの喫茶店で人気の店づくりに「大正ロマン」や「昭和レトロ」がある。これは戦前の喫茶文化華やかなりし時代の内装を再現したもの（昭和レトロにはもう一つ、高度成長期の雰囲気もある）。焦げ茶色の壁やイスなど、流行のファッションに身を包んだモガ・モボ（モダンガールやモダンボーイ）が街を闊歩した時代の雰囲気だ。

ちなみに〝銀ブラ〟という言葉の語源は、銀座をブラブラ歩くではなく、銀座（カフェー・パウリスタ）でブラジルコーヒーを飲むことという説もある。だが、ブラブラ歩きのほうが戦前から浸透しており、各地の大都市でも使われていた。大阪では心斎橋を歩く〝心ブラ〟、名古屋は広小路を歩く〝広ブラ〟、横浜は伊勢佐木町を歩く〝伊勢ブラ〟、神戸には元町を歩く〝元ブラ〟という言葉があった。ブラブラ歩きの後でも前でも、カフェーに寄ることが、最先端のおしゃれだったのだ。

戦前のカフェーは地域によって、店の個性に違いが表れた。東京でいえば、文化や流行の最先端だった銀座には、おしゃれな空間を提供するカフェーが次々に出現。高級感のある店が多いのも特徴だった。

学生街として知られ、〝日本のカルチェラタン〟と呼ばれた神田には、明治時代から流行っていた「ミルクホール」（イスに腰かけて、温めたミルクが飲める店。やがて牛乳の乳臭さを消すために、コーヒーを混ぜたミルクコーヒーを出すようにもなる）がカフェーの原点となっていた。その流れを受け継ぐ店や、学生向けの店が多く誕生する。歴史的にはミルクホールの誕生は一九〇一（明治三四）年なので、可否茶館（一八八八［明治二一］年）とカフェー・プランタン（一九一一〔明治四四〕年）の間に生まれたことになる。

ミルクホールでは、官報や新聞が読み放題なのも人気だった。現在の喫茶店の使われ方と大差がない。当時の官報には大学の合格者名も記されていたそうで、それも学生が読んでいたのだろう。神田に近い神保町には、大正時代から小学館や岩波書店などの出版社もあり、多くの書店・古書店があった。書店めぐりの後に喫茶店に入って休息し、買った本を読みながらコーヒーを飲むスタイルも定着した。これもまた現在目立つ、書店とカフェがコラボした複合店の発想と変わらない。


東京の街は関東大震災を境に、東部から西南部へと人口や流行の軸足が移った。震災後に急成長した新宿には、震災一〇年後から急激に喫茶店が増えていく。客層はサラリーマンや学生が多く、銀座に比べて大衆的な店が多かったという。豪華なつくりの店もあれば、ニューヨークの雰囲気を再現した店や、容姿端麗なウエイトレス（当時は女給＝女性給仕）を揃えて学生に人気の店もあった。

なお、大正から昭和初期にかけて、カフェーは飲食を提供しつつ女給のサービスを売りものにする店と、あくまでもコーヒーや軽食を主体にした喫茶店に分かれていく。前者の多くの店では、徐々にサービスも濃厚になった。この手の店の女給は、現在のキャバクラ嬢や、バーやキャバレーのホステスの役割を果たすようになり、「特殊喫茶」として警察の監視下に置かれるようになる。

一方、後者は「喫茶店」や、純粋の喫茶店を示す「純喫茶」と呼ばれるようになった。つまりカフェーは、誕生後しばらくは現在のカフェと同じ意味合いだったが、やがて風俗店の性格を帯び、喫茶店と分かれて隆盛を誇った後に、徐々に消滅する。

戦前のカフェーや喫茶店の繁栄は、昭和に入り戦時色が強まるまで続き、東京市（当時）における喫茶店の数は、一九三五（昭和一〇）年には一万五〇〇〇店を数えた。だが、日中戦争が勃発し、戦時体制に向かうと、コーヒーはぜいたく品に指定され、一九三八（昭和一三）年から輸入制限が始まる。同年の東京市は、喫茶店約二六〇〇店、カフェー約二〇〇〇店と、全盛期の四分の一にまで落ち込んだという。利用者側にも息苦しい時代となった。学生の喫茶店への出入りは禁止されるようになり、秘かに通う学生を警察が現場に踏み込んで連行する〝学生狩り〟も行われた。

泥沼化した日中戦争が続き、太平洋戦争へと戦火が広がると、コーヒーの輸入は完全に禁止される。こうして喫茶店もカフェーも原料の供給を絶たれ、多くの店が閉店に追い込まれていった。

戦後に庶民化した「ハイカラな味」

コーヒーの輸入が再開されたのは、朝鮮戦争勃発の年、一九五〇（昭和二五）年になってから。当時はまだ大手チェーン店はなく、個人経営の店だった。その中の一つに銀座の「カフェ・ド・ランブル」（一九四八［昭和二三］年創業）がある。御年一〇〇歳となった店主の関口一郎氏は今なお現役で毎日出勤。関口氏の姿も楽しみに多くのファンが通う。

一般人にとって、喫茶店が本当に身近な存在になったのは、朝鮮戦争景気で他の国内産業が活気を取り戻し、高度経済成長期を迎える昭和三〇年代からだ。経済成長と生活の洋風化に伴って店も年々増加し、喫茶店は少し気取って出かける〝大人の社交場〟の感があった。

図表4～5に掲げた「コーヒー豆の輸入数量の推移」で見ると、一九六〇（昭和三五）年に戦前の最高だった八五七一トンを超えた。高度成長期に一気に増えていくのが数字でも裏づけられている。

【図表4】　コーヒー豆の輸入数量の推移（明治～戦前・戦後）

	生豆（t）	生豆換算計（t）
1877年	18	18
1912年	84	84
1921年	380	380
1926年	1057	1057
1935年	3463	3463
1937年	8571	8571
1939年	1425	1425
1943年	118	118
1950年	40	163

（出所）全日本コーヒー協会「コーヒー関係統計」／暦年別コーヒーの輸入数量より抜粋

【図表5】　コーヒー豆の輸入数量の推移（高度成長期～現代）

	生豆　（t）	インスタントコーヒー＝生豆換算（t）	※生豆換算計（t）
参考:戦前のピーク 1937年	8571	—	8571
1960年	1万707	84	1万866
1965年	1万8647	1万536	2万9234
1970年	8万496	8910	8万9456
1975年	10万9409	1万2324	12万2023
1980年	17万4747	1万8999	19万4294
1985年	23万1193	1万5699	25万2947
1990年	29万1339	1万4830	32万4841
1995年	30万563	1万6297	33万2157
2000年	38万2230	1万8660	41万6090
2006年	42万2696	1万9354	45万8507
2012年	37万9982	2万6887	42万1620

※この他にコーヒーエキス／調整品（加糖・無糖）があるので、足しても合計数値にならない。（出所）全日本コーヒー協会「コーヒー関係統計」／暦年別コーヒーの輸入数量より抜粋

戦後の喫茶業界を大まかに説明すると、西ドイツ（当時）、フランス、イタリアに学びながら、各地の店主が日本流にアレンジしていったのが高度成長期から八〇年代まで。その後、ドトールの拡大によりセルフカフェに注目が集まり、スターバックスの進出によってメニューバリエーションも進化していき、今日に至っている。最近はセルフカフェからフルサービスの喫茶店に客足が戻ってきた。

なお、セルフカフェの業態を国内で始めたのはドトールではない。民放の経済番組でも、ドトール創業者の鳥羽博道氏が始めたように報道したが、一九四八（昭和二三）年創業で、日本橋三越前や軽井沢に店を構える「ミカドコーヒー」（第四章で紹介）が先だ。拙著『日本カフェ興亡記』でも指摘した事実だが、日本のカフェ生活文化史として改めて記しておきたい。

一九五五（昭和三〇）年前後、ミカドコーヒー創業者の金坂景助氏（故人）が、スタンドコーヒー（イスがない立ち飲み式）として、当時六〇円だった座って飲むコーヒーの半額である三〇円で提供したのが始まりとされる。ドトール一号店より二〇年以上前のことだ。

カフェー・パウリスタなどの誕生前年、一九一〇（明治四三）年に生まれた金坂氏は、銀座にあった輸入商社「鶴屋亀五郎商店」に勤務していた。財閥や華族の豪邸にも商品を配達し、時にはコーヒーをご馳走になった。大正から昭和に向かう古きよき時代、そんな時代のコーヒーも知っていたのだ。

昔の伝手《つて》もあったのか、終戦後に焦土と化した東京で、どこからかコーヒー豆を仕入れてきた金坂氏は、ドラム缶で炒って焙煎する。最初は見物客に無料でコーヒーをふるまっていたが、あまりにも希望者が多い。「これは商売になる」と直感して店を開くことを決意。こうしてコーヒー豆や喫茶材料の小売業と喫茶業を始めた。

今でもミカドコーヒー日本橋店の一階は立ち飲みで、二階の座席とはコーヒーの値段が違う。ちなみに金坂氏とドトール創業者の鳥羽氏は、一九七一（昭和四六）年の欧州視察旅行——現地で鳥羽氏はセルフカフェのヒントを得た——の際に一緒だった。精力的に動き回る鳥羽氏の姿に金坂氏が目を見張り、帰国後に娘の鳴島佳津子氏（現・ミカド珈琲商会社長）らに、「いや〜、今回はすげぇ男が一緒だったよ。とにかくひっきりなしに動き回っていて、ホテルに戻っても、またすぐどこかに行ってしまうんだ」と語ったほど。当時六〇歳のベテラン経営者は、親子ほど年の違う三四歳の青年に、かつての自分を重ね合わせていたのかもしれない。

鳥羽さんには何度か話を聞いたことがある。高校中退後に一六歳で新宿の洋食店「キッチン清水」に入社。虎の門の喫茶店「パール」や「サンパウロ」を経て、一九歳で「鈴木コーヒー」の店長になっており、その後、ブラジルに渡航して現地のコーヒー農園で労働。帰国後は「コロラド」「ドトール」という有名店を軌道に乗せて、一部上場企業を作り上げたバイタリティは特筆される。業界歴が半世紀を超えて、理路整然と話す姿が印象的だった。かつて取材し、拙著に記した〝セルフカフェの元祖〟に関する部分を再掲する。


「立ち飲みのセルフカフェの発想は、鳥羽さんの欧州体験が元といわれていますが、それだけではなく、もともと潜在意識として、スタンドコーヒーの存在もあったのではないですか？」

こうした質問を、鳥羽氏に直接ぶつけてみたところ、こんな答えが返ってきた。

「ああ……（天を仰いで、少し考え）、確かにそうでした。日本にもスタンドコーヒーがありましたね。ずっと私は欧州で見た光景に触発されて、セルフカフェをつくったと考えていました。思い起こせば、ブラジル滞在中に通ったバールも立ち飲みでした。ああ、そうだった……。確かにそうした潜在意識はあったかもしれません」

こう振り返る鳥羽氏。創業経営者らしい自負心とバイタリティの一方で、謙虚さが同居するところが、この人の魅力のようだ。

ドトールが喫茶業界に与えた影響、業績は否定しない。だが資料をあたり関係者に聞いても、大企業に成長後に自ら先頭に立ってコーヒー業界全体の発展に尽力した形跡はそれほど見られず、筆者は鳥羽さんを「喫茶店の文明を進化させた人物」と位置づけている。

たとえばサザコーヒー創業者の鈴木誉志男《よしお》氏（第四章で紹介）は、一九六三（昭和三八）年に発刊された『喫茶店経営』（柴田書店刊）に掲載されていた「カフェ・ド・ランブル」の関口氏（前出）の「コーヒーを焙煎しなければコーヒー屋じゃない」という趣旨の記事に啓発されて、焙煎のイロハから学んでいったという。日本のカフェ文化は、特定の人物が広げたというよりも、各時代の人気店店主の創意工夫で、各地に広まっていったという特徴がある。

一〇～一五年で変わった流行の潮流

日本独自の進化を遂げてきたカフェのサービスの詳細については第二章に譲るが、昭和三〇年代以降の喫茶店は、一〇～一五年ごとに人気店の潮流が変わったといわれる。これを筆者に教えてくれたのは永嶋万州彦《ながしまますひこ》氏（フードビジネスコンサルタント）で、永嶋さんは元ドトールコーヒー常務として「コロラド（カフェ・コロラド）」や「ドトール・コーヒーショップ」店舗展開の陣頭指揮をとった人だ。それに基づけば、スタバ人気に象徴されるシアトル系カフェの潮流も変わる時期だが、変遷を以下に見ていこう。

昭和三〇年代初めと四〇年代後半では事情は異なるが、まず三〇年代半ばの高度成長のスタート時には、個人経営の喫茶店が人気となる。喫茶店にコーヒー豆を卸す焙煎業者も、商売が拡大して忙しくなった。前掲の図表5で示したようにコーヒー豆の輸入量は一〇年間で八倍近くになったほどだ。

行きつけの喫茶店を持つ常連客は、男性店主（マスター）や女性店主（ママ）と親しくなり、みんなで飲み会をしたり、一緒に温泉旅行に行くような濃密な人間関係が生まれた。

ちなみに喫茶店のマスターが一気に増えたのは、昭和四〇〜五〇年代のこと。二度にわたる「石油ショック」で勤め先の業績が傾いたのを機に独立した〝脱サラ店主〟も多かった。

昭和四〇年代後半から五〇年代に成長したのはコーヒー専門店だ。大手チェーンもこの前後に発足し、成長に拍車がかかった。首都圏でいえば、「珈琲館」（創業者は真鍋国雄氏＝故人。現在はUCCグループの経営）は一九七〇（昭和四五）年、神田に一号店を開き、七七（昭和五二）年には店舗数が一〇〇店を突破した。銀座ルノアールが経営する「喫茶室ルノアール」は、一九六四（昭和三九）年に日本橋で一号店をスタートし、八三（昭和五八）年に一〇〇店を超えている。

ドトールが経営する「コロラド（カフェ・コロラド）」は一九七二（昭和四七）年に川崎市にFC（フランチャイズ）一号店を開店。直営一号店を世田谷区の三軒茶屋に開いている。

そのドトールが始めた「ドトール・コーヒーショップ」が隆盛を迎えたのが昭和六〇年代だ。この時期から、従来のフルサービスの喫茶店に代わり、セルフサービスのカフェが主流となる。時代も慌ただしく、気ぜわしくなり、喫茶店でのんびりする（仕事の合間にサボる）行為が、平日にはなかなか許されなくなった。そこで手頃な価格とともに、細切れ時間を活用したいお客に支持されたのである。値段が安いので、一日に何度も利用する人も増えた。

ドトールに続き、スターバックスが人気となったことで、「タリーズコーヒー」や「シアトルズベストコーヒー」といったシアトル系カフェも相次いで上陸。それを意識した個人店も増えていき、喫茶店に代わる「カフェ」の言葉が浸透していく。

なお、現在に続くカフェブームは、二〇〇〇年頃に始まったとされる。カフェ業界の専門誌である『月刊カフェ&レストラン』（旭屋出版刊）編集長の前田和彦氏は、「東京・駒沢にある『バワリーキッチン』や、中目黒にあった『オーガニックカフェ』（現在は閉店）といった、おしゃれ感のある個性的な店を『ブルータス』のようなマガジンハウス系の雑誌や女性誌が積極的に取り上げて〝東京カフェブーム〟が起きたのが、ブレイクしたきっかけ」と語る。

手軽に情報収集ができ、原材料を世界各国から調達できるインターネットも同じ時期に浸透。飲食業界で根強かった徒弟制度にも風穴が開く。一〇～一五年かけて一人前になってからではなく、数年経験を積んだ若手が積極的に独立し、ネットを駆使して店を

【図表6】　「昭和の喫茶店」と「平成のカフェ」のイメージ

業態	昭和の喫茶店	平成のカフェ
店のつくり	情緒的	個性的
ドリンクの中心	ブレンド、アメリカン、アイスコーヒー	コーヒー以外にフラペチーノやスムージーなど多種多彩
コーヒーの横顔	黒褐色で寡黙	ラテアートやデザインカプチーノで主張
フードの中心	スパゲッティ、カレーライス、サンドイッチ	カフェごはん、ワンプレートランチ
座席の構成	カウンター席+テーブル席	テーブル席
店主像	元サラリーマンのベテランが多い	数年経験を積んだ若手が多い
人間関係	カウンターでは愚痴もこぼせる	フレンドリーだが立ち入らない
コーヒーの価格帯	中価格帯（300～400円未満）	低価格帯～中価格帯（200～500円台）
イスは…	長く過ごすのに向く	長く過ごすのには向かない
喫煙者には…	かなりやさしい（全席喫煙か分煙）	店主の好みで変わる（全席禁煙か分煙）

※いずれも「一般的な傾向」としてまとめた

始めるケースも相次ぎ、カフェブームを支えた。

「昭和の喫茶店」と「平成のカフェ」

多くの人がもっているであろう「昭和の喫茶店」と「平成のカフェ」のイメージの差異は図表6の通りだが、ここではメニューから考えてみよう。まずは平成のカフェから――。

現在では「カフェごはん」や「カフェめし」という言葉も浸透したが、カフェのフードメニューは、一つの容器の上に料理を載せるワンプレートやボウル（丼）での提供が多い。その中身は、和食、洋食、フレンチ、イタリアン、エスニックなどさまざまだが、中華をあまり見かけないのは、各地に林立するラーメン店の存在や厨房設備の問題もあるだろう。総じてカフェの厨房は狭く、油を多く用いる料理は手がけにくい。

一般的に、五穀米や十六穀米、オーガニック野菜などにこだわった和食を提供するカフェは女性店主が多く、身体を気づかったメニュー構成も特徴的だ。

これに対して、昭和の喫茶店の王道メニューは、スパゲッティやサンドイッチ、カレーライスだ。とくにケチャップで味つけされた「ナポリタン」に郷愁を感じる人が多い。決して〝パスタ〟ではなく、〝スパゲッティ〟なのが特徴。この人気に大手チェーン店も目をつけた。首都圏の繁華街で「喫茶室ルノアール」などを展開する株式会社銀座ルノアールが、二〇一二年一二月にオープンした初の郊外型店「ミヤマ珈琲」埼玉・朝霞本町店には、「アントキの銀皿ナポリタン」というメニューが登場したほどだ。

個人が営む喫茶店の定食にはハンバーグ定食も多い。これは昭和四〇年代、五〇年代から人気となったファミリーレストラン、ハンバーグチェーン店に、ランチ需要で対抗した面もある。このほか、隠れた人気メニューに生姜焼き定食がある。生姜焼きの味で店の実力がわかるともいわれ、各店で生姜焼き定食を注文し続ける猛者《もさ》もいる。

昭和の喫茶店のサンドイッチは、ハムサンド、タマゴサンド、ハムとタマゴと野菜のミックスサンドが定番だった（現在人気のツナサンドが出てきたのはその後だ）。タマゴは、ゆで卵をつぶしたマヨネーズ味、玉子焼きの両方があった。平成のカフェでもサンドイッチは健在だが、ハムタマゴやB.L.T（ベーコン、レタス、トマト）の定番以外に、多種多様なメニューがある。たとえば具材では、エビとアボカド、タンドリーチキン、少し変わったところでは、ベトナムハムや鶏レンコンハンバーグなど。食パンの代わりにバゲットや玄米パンを使ったメニューや、キッシュなども人気。すっかりおなじみとなった食材もあるが、昭和時代は見かけなかったメニューばかりだ。

これまで指摘してきたように、昭和の喫茶店といえば男性客が主体で、席につくとメニューも見ないで「ブレンド」「アイス」と注文していた。大手チェーンの経営者も、「昔は注文の六〜七割がブレンドとアメリカン、アイスコーヒーだったので、メニュー開発もあまり求められなかった」と証言する。

スタバの定着とカフェブーム以降、つまり二一世紀に入ってから、ドリンクのメニュー開発が急激に進んだ。スタバによって浸透したのは「フラペチーノ」（同社の登録商標）だ。フラッペとカプチーノから名づけた造語といわれ、とくに抹茶味のフラペチーノで、女性人気を不動にした。現在は期間限定品も含め、さまざまな派生商品が同社から出ている。

このほか、夏の定番となったものに「スムージー」がある。凍らせた果物や野菜をミキサーでドリンク状にするもので、とくにグリーンスムージー（生の緑の葉野菜と果物と水で作るのが一般的）は季節を問わない人気商品となり、専門店も増えた。欧州流のスムージーは果物や野菜と水を使い、米国流スムージーはこれに乳製品を加えることが多いと聞く。

女性がカフェを支持するようになって以来、冷たいドリンクでも人気は、健康機能性のある素材だ。昔からあるジンジャーエールも、飲むと身体が温まるショウガに、シナモンやキビ砂糖、リンゴ酢などを加えた自家製メニューで訴求していたりする。

地味な黒褐色が「ラテアート」で自己主張

〈よいコーヒーとは、悪魔のように黒く、地獄のように熱く、天使のように純粋で、愛のように甘い〉（フランス革命期の政治家、シャルル＝モーリス・ド・タレーランの言葉）

〈鬼の如く黒く、恋の如く甘く、地獄の如く熱き〉（タレーランの言葉をアレンジして、大正期にカフェー・パウリスタが考えたコーヒーの宣伝文句）

コーヒーにまつわる金言として知られるが、黒褐色が定番だったコーヒーも、バリエーションコーヒーでは主張するようになった。

「ラテアート」や「デザインカプチーノ」と呼ばれるもので、カフェラテやカプチーノの表面に模様やイラストを描くもの。リーフ（葉っぱ）やハートが定番で、クマ、チューリップなどもある。ハートとリーフを合わせたスローハートや、大きなハートの中に小さなハートをつくるハート・イン・ハートなどデザインも広がっている。

カフェラテ、カプチーノ、カフェオレの違いは、前に紹介した通りだが、ミルクを泡立たせないカフェオレでは表面にイラストを描くのがむずかしい。

コーヒー職人は「バリスタ」と呼ばれ、すっかりおなじみになったが、ラテアートをつくるバリスタも多い。

その技能を競うバリスタ選手権もある。国内大会としては「ジャパン　バリスタ　チャンピオンシップ」や「ジャパン　ラテアート　チャンピオンシップ」があり、ここを勝ち抜くと、世界大会である「ワールド　バリスタ　チャンピオンシップ」「ワールド　ラテア

ート チャンピオンシップ」が待っている。国内外の大会での上位入賞者は広告塔の役割も果たすので、各店はバリスタの育成にも力を注ぐ。

「バリスタ」「パティシエ」を看板にする店も

たとえば京都の老舗・小川珈琲（創業一九五二〔昭和二七〕年）は、現在、社内に多くのバリスタを抱える。「世界に挑戦し続ける」を掲げて国内外の大会に積極的に出場させており、これまで（二〇一四年八月時点）四人（男性一人、女性三人）の優勝者を輩出し、実際に成果を出している。

二〇一三年の「ジャパン ラテアート チャンピオンシップ」では吉川寿子バリスタが優勝し、一〇位以内に吉川さんを含めて四人入った。同年、吉川さんは「ワールド ラテアート チャンピオンシップ二〇一三」でも優勝している。その前年の「ジャパン バリスタ チャンピオンシップ」では岡田章宏バリスタが三位、村山春奈バリスタが四位入賞を果たした。岡田さんは同大会での優勝経験もあり、村山さんは「ワールド ラテアート チャンピオンシップ二〇一〇」で優勝している。大澤直子バリスタは「ジャパン ラテアート チャンピオンシップ」では二〇一一年、一二年と優勝しており、一三年の大会で小川珈琲は三連覇を果たした。各バリスタは店内で働き、磨いた技をお客に披露する。

長野県の丸山珈琲（創業一九九一〔平成三〕年）も、小川珈琲に負けず劣らずのバリスタ大会の入賞者輩出店だ。コーヒーの産地・焙煎・抽出にこだわり、社長の丸山健太郎氏（一九六八〔昭和四三〕年生まれ）が中南米・アフリカ・東南アジアのコーヒー生産地に足を運び、現地で直接買い付けを行う過程から、コーヒーへの思いを実践している。

二〇一三年の「ジャパン バリスタ チャンピオンシップ」では決勝進出者六人のうち三人が同社。一位と二位を独占するなど、出場すれば必ず優勝争いにからむ実力を示す。井崎英典バリスタはその大会で二連覇して、日本代表として臨んだ二〇一四年「ワールド バリスタ チャンピオンシップ」では、同大会におけるアジア人初の王座に輝いた。

社長の丸山さんは「大会に出場する人は、自分の仕事が終わってから夜遅くまで、提供するドリンクの味のバランスやきめ細やかさといった審査内容に即して自主練習するなど意欲的。周囲の従業員も支援しようという気になっていきます。大会で活躍することでスキルだけでなくコミュニケーション能力も高まるので、店の運営においても好影響となっています」と語り、若手スタッフのやる気を後押しする。

近年になってバリスタとともに、菓子職人を示す「パティシエ」も広く認知された。「小学生女子がなりたい職業」の上位に定着するなど、すっかり花形職種となった。

パティシエの活躍場所は洋菓子店が多いが、カフェも増えつつある（ちなみに、よく見かける洋菓子店の一角にイートインできるコーナーは、九ページで紹介した「カフェの数」には含まれない）。個人店でありながら、パティシエが経営陣として切り盛りするカフェも増えている。その代表格が名古屋にある「カフェタナカ」だ。この店は第四章で紹介する。

前出の小川珈琲は、スイーツにも力を入れており、コーヒーとの相性や季節感を考えた商品開発をしているという。本社屋にある「小川珈琲本店」（京都市右京区）では、スイーツをつくる様子をガラス越しに見ることができる。お客は、どんな手順でスイーツがつくられていくのかがわかり、作業するパティシエは、見られているという緊張感のもとでキビキビとした動きが求められる。

この会社のように、店舗でバリスタやパティシエの作業を〝見える化〟させるのも、現在の飲食店のトレンドだ。

三・一一後の被災者「やっとコーヒーが飲める」

世界中に衝撃を与えた二〇一一年三月一一日の東日本大震災は、国内の店主やコーヒー業界の関係者が、カフェやコーヒーの〝役割〟を再認識する契機にもなった。

「やっとコーヒーを飲める状況になったので、震災後初めての来店です。前はカフェラテをよく飲んでいたけど、今日は（おススメだった）抹茶ラテでしたけどね」

入口で会った女性二人組は、こう話して笑った。二〇一二年二月二日、取材で宮城県気仙沼市の「アンカーコーヒー」を訪れた際、仮設住宅に設けられた臨時店舗での会話だ。前年三月一一日に被災してからは、二人は後片付けや復旧に追われ、ゆっくりコーヒーを楽しむ時間がなかったと話す。

大地震とその後の大津波は、沿岸部を中心にカフェの店舗にも容赦なく牙をむいた。アンカーコーヒーも気仙沼市内の二店舗が津波で流失し、閉店に追い込まれた。仙台市出身のお笑いタレントで、震災後の復興支援活動でも知られるサンドウィッチマンは、その「アンカーコーヒープレミアム店」で、震災当日の一四時からトークライブをしていた。ライブが終わり、駐車場に移動する途中で震災に遭ったという。

仙台市で「バルミュゼット」を経営する川口千秋氏（一三三ページで紹介）や、茨城県ひたちなか市で「サザコーヒー」を経営する鈴木誉志男氏（一四〇ページで紹介）は、自らの店も被害に遭ったが、被災者のためにコーヒーを提供する活動にそれぞれ乗り出した。

コーヒーを紙コップで提供し続けた川口さんには、忘れられない言葉がある。

「ああ、やっとコーヒーが飲めるようになった」とのつぶやきだ。

宮城県女川《おながわ》で被災した男性だった。親交のあった石巻の喫茶店のマスターが津波で流され死亡。以来、コーヒーは津波の恐怖と結びついてしまい、飲めなくなった。それが支援のコーヒーに手を伸ばした。「悪い記憶を、それまでのいい記憶に変えていかないとね」と語る男性の話を聞き、〈コーヒーには記憶を呼び戻す効果もある〉と感じたという。

鈴木さんは、本店のあるひたちなか市の避難所四ヵ所でコーヒーの出前サービスを行った。被災者の方に配ろうとしたら、避難所のスタッフから「避難生活では運動不足になりがちなので、元気な人には取りにきてもらいましょう」と言われ、そのようにした。

すると、お年寄りが避難所の奥から次々にやってくる。飲むとみなさん笑顔になった。「つらい経験をした後で、一杯のコーヒーがもたらす精神安定剤のような効果に気づかされた」と振り返る。

一連の話を聞いたのは二〇一二年から一三年にかけて。それぞれ別のメディアでの取材だったが、同じような話が返ってきた。現代の日本人にとっての「コーヒーの役割」を示しているようだ。

第二章　日本独自の進化を遂げたカフェ・喫茶店

ただ単に、コーヒーやドリンクを飲むだけなら、自動販売機で買っても間に合う。そうではなく「カフェに行こう」と思うのは、どんな時だろうか。

これまでの取材をもとに、足を運ぶ目的を分析したところ、カフェ発祥地・欧州にはない日本独特の利用のされ方が浮かび上がった。

カフェや喫茶店がこれほど多彩な役割を担った国は他にはない。

店の「基本性能」と「付加価値」

「外出先で何かを飲みたい」「歩き疲れたから休む」「人と待ち合わせをする」「訪問先の近くで時間調整」「資料を読む」「一息入れながら、メールをチェックする」「読書」

「勉強」「ゲームを楽しむ」「気分転換」……。

まだまだありそうだ。高級店を除けば、ワンコイン（五〇〇円）以内で使える、手軽な脱日常や店の利用こそカフェの持ち味で、細切れ時間や空き時間も活用しやすい。

そこで、あまり論じられない日本的なカフェの機能について考えてみよう。ここでは「基本性能」と「付加価値」の視点で整理してみた。

まずは「飲みもの」と「場所の提供」がないと店として成立しない。食事メニューを置かないコーヒー専門店もあるので、何よりもドリンクの提供が最優先される。これは基本性能の一丁目一番地だが、喫茶なので基本的にアルコールは提供しない。昼と夜でメニューを変えて、夜はアルコールを出すカフェバーもあるが、本来の意味での（日本における）カフェや喫茶店とは区別されている。

基本性能の第二は、飲食できるスペース＝「場所の提供」だ。街のパン屋さんやケーキ屋さんで見かける、売場の横や奥に設置されたイートインでもいい。ドトールは開業当初「立ち飲みコーヒー」を掲げていたが、現在でも個人店で立ち飲みカフェはある。

オフィスビルに入居したセルフカフェに座席はあるが、テイクアウト（は和製英語で米国では「to go」というそうだ）需要も多い。持ち帰ってもらえば座席の提供をしなくてすむ。その客は、無意識のうちに店の客席回転率に貢献しているわけだ。

こうした場所の提供を、さまざまな切り口で店側が提案して、利用者側が使うのが、以下で記す「付加価値」だ。ビジネス利用→プライベート利用の順に紹介しよう。

文壇バーならぬ文壇カフェ

(1)「会議・会合」に使う

社内のちょっとした会議は、気分転換に近くのセルフカフェで行う会社がある。特に気候のいい時期は、テラス席で行えばより新鮮で、議論も活発になるという。

これを業態として発展させたのが、貸会議室「マイ・スペース」だ。もともとは運営する株式会社銀座ルノアールが、企業の会議室不足の受け皿として始めた事業で、喫茶室ルノアールやカフェミヤマといった同社が展開する店舗に併設されている。

最低二時間からの利用で、部屋の広さにより利用可能人数が異なる。室料も店舗の立地や広さによって違い、一時間当たり一〇四八〜三〇四八円（+税）。ワンドリンクを注文するのが基本で、五時間ごとに最低一回は追加注文するルールとなっている。

たとえば東京都中野区にある中野北口店に併設したマイ・スペースの室料は、一時間当たり一〇四八円（+税）、利用可能人数は五〜一〇人だ。出席者八人の会議で二時間使い、全員がアイスコーヒーを注文したと仮定して利用料金を計算すると、六七一三円（＝〔一〇四八円×二時間＋五一五円×八人〕×一・〇八）となる。ホテルやレンタル会議室の利用に比べて格安だ。

銀座ルノアールは「都心の店では会議で使われるケースが多いが、中野では俳句や短歌などサークル活動で使われるケースも目立ちます」と説明する。ただし、ここを借りて商品販売はできない。かつては別の店でそうした使い方をされたことがあり、「貸会議室」を掲げるようになった。二日前までに注文すれば、仕出し弁当の取り寄せも可能だ。

歴史を振り返れば、この手の会合が始まったのは一九一一（明治四四）年に開業した「カフェー・プランタン」（第一章参照）だ。すでに紹介したように、会費五〇銭の維持会員に多くの文化人が賛同し、週末には特別料理を提供したサロン的要素の強い店でもあった。会費の五〇銭は、当時の東京で大工の賃金（日給）一円五〇銭、左官一円二〇銭の相場から換算すると、現在の五〇〇〇円ぐらいか。創設者である松山省三の人脈に加え、さほど高額でない会費もあってか、文化人が多数集まり、文壇バーならぬ文壇カフェの役割を果たした。

「談話室滝沢」があった時代

（2）「打合せ」に使う

現在はごく当たり前に行われる、店での「仕事の打合せ」もある。ドトール、スターバックス、タリーズコーヒー、カフェ・ベローチェといった店舗数の多いセルフカフェで行うケースが多いが、少し金額が高くても、ゆっくり打合せができる喫茶店も健在だ。首都圏ではここでも喫茶室ルノアールが人気で、名古屋圏では「コメダ珈琲店」を利用する客が多い。

ビジネス需要に応えた店として、まだ利用者の記憶に残るのが、高度成長期から平成時代まで長年愛用された「談話室滝沢」（一九六六〜二〇〇五年）だ。東京都内の新宿駅や池袋駅、御茶ノ水駅周辺に店舗を構え、コーヒーや紅茶は一〇〇〇円と割高だったが、何時間いてもよかった。メディア関係者の御用達《ごようたし》といわれ、「店内では、あちこちで同業者と思われる人が似たような打合せをしていた」（大手テレビ局のプロデューサー）、「取材の時によく使って重宝したので、閉店した時は残念だった」（大手出版社の編集幹部）といった声も耳にした。

惜しまれつつも閉店した理由は、時代が変わり、昔のような従業員教育ができなくなったからだという。滝沢流の従業員教育とは、地方の若い女性を募集して寮生活を送らせ、華道や茶道の作法も学んでもらい、接客マナーを教え込むといった手法だ。実は、銀座ルノアールが業態を引き継ごうと申し出たが、経営者が固辞した逸話もある。

筆者も出版社の編集時代から滝沢の御茶ノ水店や新宿店を利用し、外部の人との企画打合せやイラストレーターさんとのやりとりに使った。とくにイラストの部分的な修正作業を、その場でお願いする場合に重宝した（まだパソコンで修正できる時代ではなかった）。

ふと周囲を見渡すと、あちらのテーブルでは生命保険会社の女性外交員が、別のテーブルでは不動産会社の営業マンが、それぞれ持参した資料を取り出してお客を口説いていた。そんな使われ方だったのだ。

菊池寛も愛用した文化人のサロン

カフェで打合せが始まったのは、第一章でも触れた「カフェー・パウリスタ」（一九一一［明治四四］年開業）だろう。当時の銀座には、パウリスタの目の前にあった時事新報

（現在は交詢ビル）をはじめ、近くには朝日新聞（当時は京橋区滝山町＝現・中央区銀座六丁目）、読売新聞、国民新聞や萬朝報《よろずちょうほう》といった新聞社が本社を構えていた。テレビ（本放送は一九五三［昭和二八］年）はおろかラジオ（同一九二五［大正一四］年）もない時代。新聞は、最先端の情報発信地だった。文藝春秋を創業した菊池寛は、当時は時事新報の記者として勤めていた。

学生時代から通っていた小島政二郎（一八九四［明治二七］－一九九四［平成六］年／作家・随筆家・俳人）は食通としても知られ、食に関連する作品を多く残しているが、パウリスタについて記した次の一文もある。

〈私が慶応の学生になった頃、銀座にパウリスタと云うカッフェが出来た。コーヒーが一杯五銭で、ドーナッツ、フレンチトーストなどの食べ物もあり、三田の学生は放課後塾から芝公園を抜けて、日陰町を通って毎日のように銀座へ出た。

パウリスタは、コーヒー一杯で一時間でも二時間でも粘っていても、いやな顔をしなかった。丁度時事新報社の真ン前だったから、徳田秋声や正宗白鳥なども、原稿を届けに来たついでに寄って行ったりした。

私達文学青年にとって、そう云う大家の顔を見たり、対話のこぼれを聞いたりすることが無上の楽しみだった〉（筆者注：文字づかいは原文のまま）

店の二階には女性専用の部屋があり、平塚雷鳥が創始した青鞜社《せいとうしゃ》の同人も、毎晩「婦人室」に集まっていたという。

もちろん同じ年に開業した「カフェー・プランタン」や「カフェー・ライオン」を打合せに使った人もいただろうが、前者は文化人のサロン、後者は今でいうバーやレストランの性質が強かった。パウリスタの最盛期、一日でコーヒー三〇〇〇杯（四〇〇〇杯とも）飲まれたうちに、打合せ目的はどの程度あったのだろうか。

〝ノマドワーカー〟の味方

（3）「個人作業」や「一人時間」の場として活用

町なかでパソコンやタブレット、スマートフォン（スマホ）の画面を開いてビジネス文書の作成や資料の修正、ＳＮＳ（ツイッターやフェイスブックなど）を更新するのが当たり前になった。こうしたモバイル機器を持参してオフィス以外で仕事をする人は〝ノマドワーカー〟(ノマドは遊牧民の意味)と呼ばれる。一見、フリーのクリエーターなどのイメージだが、実際はサラリーマンが多い。今や平日の東海道新幹線の車中は、画面と向き合うノマドのビジネスマンだらけだが、繁華街のカフェ店内もそれに近づきつつある。

インターネット接続ができないと仕事にならない時代ゆえ、外出先で資料を修正したり、細かい作業をする場合、電源の確保やネット接続ができるかどうかは大きな問題だ。

前述のルノアールの場合、運営する五業態(喫茶室ルノアール、カフェ・ルノアール、カフェ・ミヤマ、ミヤマ珈琲、ニューヨーカーズ・カフェ)すべてで電源を提供しており、無線LAN接続ができる。一部の店舗ではコピー機も設置している。マクドナルドなどファストフード店でもモバイル環境は整うが、座席の快適性が劣るため、ルノアール人気は高い。ニューヨーカーズ・カフェ以外はコーヒーが五〇〇円前後と安くないが、利用者は「場所と空間を手に入れるための納得価格」だと話す。

ネット上には「電源カフェ」というポータルサイトがある。東京都内や全国にあるカフェで、電源や無線LAN接続が公認された店を紹介するサイトだ。マクドナルドやルノアールなど大手チェーンも目立つ。それだけユーザーのニーズが高いのだろう。

もちろんネット接続以外でも、個人作業の場としてカフェは利用される。昔からそうだったが、仕事の資料を読んだり、スケジュールを調整した経験は誰にでもあるはずだ。

京都には「自習やPC利用で長居するお客様はお断り」と掲げる店を目にする。理由は学生が多いからで、人口約二六〇万人の京都府にいる大学生の数は約一四万人。一八人に一人が大学生という割合は東京よりも多く、全国一だ。以前は都内の学生街にあるマクドナルドでも「当店はレストランですので、節度を守ってご利用ください」という表示を見かけた。カウンター席だけの牛丼店でこうした行為をする人はまずいないが、今やカフェやカフェレストランでのパソコン利用は当たり前。客単価が低い店で座席の回転率を高めるため、長居してほしくない運営側と、ゆっくりしたい一部の客側とで、食い違いも出る。

日本のカフェ文化を代表する「モーニング」

（4）一〇円増しで提供された画期的サービス

一九五五（昭和三〇）年頃から始まり定着した、日本独自の喫茶店文化の代表的なものの一つに「モーニングサービス」がある。朝の時間帯に注文されたコーヒーにトーストやゆで卵などをつけて提供するものだ。

この発祥地は諸説あり、愛知県一宮市（発祥の店は不明）、同豊橋市（発祥店は「仔馬」＝閉店）、広島県広島市（発祥店は「ルーエぶらじる」）で、個人経営の店主が始めたという。

実際には現在もベーカリーカフェとして健在で、資料も残る（一九五六［昭和三一］年に撮影された写真に「モーニング」の文字が見られる）「ルーエぶらじる」（当時は「喫茶ブラジル」。現住所・広島市中区大手町5－6－11／TEL082－244－2327）が元祖のようだ。

店主の末広克久氏（一九四九［昭和二四］年生まれ）によれば、「先代である父がトーストにSSサイズの卵を使った目玉焼きを載せて、コーヒーと一緒に提供した。コーヒーが五〇円の時代に六〇円でした」とのこと。戦後の食糧難が残る時代、卵と薄いトーストを一〇円増しで提供した画期的なサービスだった。これが『週刊朝日』に紹介されて各地に広まったといわれる。

現在は広島電鉄・鷹野橋駅近くにある同店は、自家製パンが人気だ。朝七時から一〇時三〇分まで「Aモーニング」「Bモーニング」を実施しており、トースト、ハムエッグ、サラダ、ジュースなど充実した内容で提供している。

愛知県や岐阜県ではコーヒー一杯と同料金の〝サービス〟が基本で、利用客の支持を集めている。地域全体にモーニングが広がった一宮市と豊橋市の事例は、第三章でくわしく紹介する。

終電を逃した人の救世主

（5）低料金で使える「時間つぶし」

昭和時代までの喫茶店には、「コーヒー一杯で何時間も粘る」という言葉があった。店にとってありがたい客かはさておき、それがカフェや喫茶店の持ち味の一つだ。

現在でもそうした性質は受け継がれる。たとえばネットカフェは、低料金で長い時間利用できる店として便利だ。住居を持たないで店を泊まり歩く「ネットカフェ難民」もクローズアップされたが、安い料金で長時間過ごせるのは、伝統的な役割といえる。都心部のネットカフェには「ビジネスホテルがライバルです」と公然と看板に掲げる店もあり、若手映像制作者のように不規則勤務で、経費も限られた人の仮眠利用も目立つ。

現在ではカラオケボックスなど、朝まで低料金で過ごせる店も増えたが、かつては繁華街で終電を逃した時に、アルコール抜きで始発まで過ごせる店は少なかった。ネットカフェが定着する前の東京や大阪では「喫茶マイアミ」が救世主的な存在で、夜遊びをしてフトコロが寂しくなった人の味方だった。筆者も時々お世話になった。

マイアミが救ったのは、深夜や早朝の時間帯だけではない。正月時期もそうだった。百貨店やスーパーが三が日を休んでいた時代（西武百貨店は別）は、喫茶店も休業していた。都市型ホテルは営業していたが、通常でも高いホテルの喫茶室は、さらに強気の「正月料金」で、初詣後にコーヒーを飲みたくてもなかなか手が届かなかったのだ。

そんな中で元旦も営業するマイアミはありがたい存在だった。当時の利用者にマイアミについて聞くと「終電後と正月に使った。さすがに特別料金で通常より高かったが、それでも使い勝手がよかった」といった話が出てくる。全盛期には全国に一二〇店を数えたという。なお、現在は「マイアミガーデン」と名前を変えて、ピザとパスタを看板にしたイタリアンレストランとなっており、グループ会社では居酒屋も経営している。

名曲喫茶・シャンソン喫茶・ジャズ喫茶・歌声喫茶・ゴーゴー喫茶

（6）「音楽」を楽しむ
カフェ・喫茶店が担った役割として歴史的に有名なのが〝音楽系喫茶〟だ。一九二五（昭和元）年に開業した「名曲喫茶ライオン」（カフェー・ライオンとは別経営の個人店）のように、戦前からクラシック音楽の流れるなかでコーヒーを味わう店はあったが、隆盛となったのは、敗戦から復興した昭和三〇年代から高度経済成長期の四〇年代にかけてだ。

飲みものを注文して、自分の聴きたい曲をかけてもらう名曲喫茶以外では、たとえば「シャンソン喫茶」（シャンソンを聴く）、「ジャズ喫茶」（ジャズ音楽を聴く）、「歌声喫茶」（写真2／初期は唱歌やロシア民謡を、後期はフォークソングなどを合唱した）、「ロカビリー喫茶」（ジャズ喫茶がロカビリーブームで業態変更）、「ゴーゴー喫茶」（次ページ写真3／中央フロアでゴーゴーが踊れる）といった店が人気だった。

写真2　東京・新宿の歌声喫茶
（1957年・共同通信社）

名曲喫茶やジャズ喫茶が人気を呼んだのは、まだ住宅環境が貧しかったせいもある。多くの家庭では兄弟姉妹は多いが部屋数は少なかった。レコードが非常に高価で、個人レベルでは入手しにくかった事情もあった。もちろんコンサートも一般的でない時代、音楽を楽しむことができない人が、店に足を運んで雰囲気を味わったのだ。座席は同じ方向を向く店もあり、スピーカーに耳を傾けながら音色を楽しんだ。

音楽系喫茶店の退潮には、いくつかの理由がある。名曲喫茶でいえば、経済の高度成長の恩恵を受けて一般人の住宅環境が改善された結果、自宅に個室を持つ人も増えた。音楽の記録媒体としてのレコードが安くなり、小遣いで買える価格になった。そのために喫茶店に足を運ぶ必要もなくなっていった。

代わりの業態ができたことも大きい。歌声喫茶はカラオケスナックやカラオケボックスに、ゴーゴー喫茶は現在のクラブ（それ以前はディスコ）へと進化していった。当時はその役割を喫茶店が担っていたのだ。

写真3 ゴーゴー喫茶（1970年・共同通信社）

流行の表舞台からは退いたが、今でも健在の音楽系喫茶店はある。東京でいえば、前記の「名曲喫茶 ライオン」のほか、「名曲・珈琲 麦」（文京区本郷二丁目／一九六四［昭和

【図表7】「場所貸し」喫茶店の例

種類	店の業態	付加価値	代表的な店
仕事場提供系	純喫茶	打合せや作業ができ、何時間もいられる	「談話室 滝沢」(閉店)
始発までの時間つぶし	純喫茶	24時間営業で、長時間休憩できる。寝ていてもとがめられない店も	「喫茶 マイアミ」(現在はレストランに)
音楽系	名曲喫茶	さまざまな名曲を聴け、曲のリクエストもできる	「名曲喫茶 ライオン」「名曲･珈琲 麦」
	歌声喫茶	みんなで一緒に歌をうたう	「灯」(現「ともしび」)
	シャンソン喫茶	シャンソンを聴く	「銀巴里」(閉店)
	ジャズ喫茶	ジャズを聴く	「いーぐる」

三九〕年開業）が知られる。地下鉄丸ノ内線・本郷三丁目駅の改札を出てすぐの場所にある「麦」は、高度経済成長期の喫茶店文化を残す店として人気だ。長年にわたり、モーニングセットも提供する。

新宿区四谷にあるのがジャズ喫茶「いーぐる」（一九六七〔昭和四二〕年開業）だ。こちらは開店から一八時までは喫茶メニューで営業し、一八時以降はアルコールも提供するジャズバーになる。この店を学生時代から半世紀近く経営するのが店主の後藤雅洋氏。『新ジャズの名演・名盤』（講談社現代新書）などジャズ関連の著書も数多く持つ、ジャズ業界では有名な人物だ。後藤氏の人脈もあり、週末には音楽界の多彩なゲストを招いた「いーぐる連続公演」を開催するなど、ジャズ発信地としても気を吐く。

歌声喫茶のさきがけとして有名な「ともしび」（当

時は「灯《ともしび》」）も場所を変えて健在だ。毎日夕方になるとライブが始まり、多くの常連客から支持されている。

ＡＫＢ48との類似点

（7）文化人たちの出会いの場

もともとカフェや喫茶店は、「人と人が出会い交流する場」でもある。これは男女の出会いにも通じるので、明治・大正時代から若い女性給仕（女給）が接客を行い、それを目当てに男性客が通う店があった。その代表が、銀座尾張町（現・銀座四丁目）交差点にあった「カフェー・ライオン」（第一章参照）と、筋向いの「カフェー・タイガー」（一九二四［大正一三］年開業）だ。いずれも和服にエプロンというスタイルで、カフェー・パウリスタが男性給仕（ボーイと呼ばれて詰め襟姿）だったのに対して、若い女性の接客スタイルは世の男性の人気を呼んだ。

ライオンの女給は白いエプロンの紐を前で結び、鉛筆をぶら下げたスタイル。バスガイドなど当時は限られた「働く女性」の象徴でもあった。一方のタイガーは現存していないが、ライオンの正統的な接客に対して、さまざまなタイプの女性を取り揃えて、男性客にアピールしたという。「獅子と虎の対決」と言われており、往時の状況を記した次のような文献もある。

〈ところが震災後、ライオンの筋向うに出現したライバルは、虎だけあって万事が猛烈で女給も芸者風、女学生風、奥様風といろいろ取り揃えて客の好みに応じる。女給を赤組・紫組・青組の三グループに分けて、ひとつの組が階下で客を迎え入れると、他の二組は二階で客の接待にあたるという分業システム。これを順に廻してビールの売上高を競争させるから、組同士で客の奪い合いになり、しぜん組同士が張り合って色っぽいサービスを競い合うというわけで、岸田劉生はつぎのように書いている〉

(『江戸たべもの歳時記』浜田義一郎著/中公文庫/一九七七年刊/筆者注：現代の文字づかいに改めた)

著者の浜田義一郎氏(一九〇七〔明治四〇〕－八六〔昭和六一〕年)は東洋大学教授や大妻女子大学教授を務めた国文学者。川柳や狂歌研究家として知られた人だ。引用した続きで画家の岸田劉生がどんなことを書いたかというと、こうなっている。

〈カフェー・タイガーの名は新しいが、その艶名《えんめい》は天下に轟いている。西洋料理屋の艶名とは如何《いかん》とは、言うほうが野暮である。殊にここには文士・画家・役者・能役者など、さまざまな芸術家がひんぱんに出入りする由。……評判だけあって、なかなか美人が多い。某先生のごときは大枚五両のチップをはずむと聞いたが、いかがなものか。私は五両は置けないから、五〇銭をふんぱつして引き下がった〉（昭和二年／筆者注：現代の文字づかいに改め、随所に読点もふった）

浜田氏は続けて「この某先生とあるのは前年の秋から足しげく通って、たびたび新聞だねになった永井荷風らしい」と記し、荷風の日記である『断腸亭日乗』で裏取りもしている。なお、荷風はカフェー・プランタンの維持会員にも名を連ね、『断腸亭日乗』によると、開業当初のプランタンによく行っていたが、店内で押川春浪《おしかわしゅんろう》（冒険小説のさきがけとして知られる作家）ともめてから足が遠のいた（荷風は「遭難」と記す）。それが再びカフェー通いが始まったわけだ。

五両とは劉生流の言い回しで五円のことだろう。また菊池寛は、「赤組のお君という女給をひいきにして、昭和四年春の人気投票の時に百五十票を投じて、見事タイガーのナンバーワンにした」と記されている。

投票権はビール一瓶で六〇銭だったので、菊池は九〇円を投じたことになる。昭和四（一九二九）年の九〇円は、同時期にレストランに登場したスープとコーヒー付きの〝エンテイ〟（一円定食）やグランドビフテキが一円、浅草の「地下鉄食堂」のビフテキやカツレツ、ビーフシチュウが各三〇銭という相場を参考に一五〇〇倍で換算すると、現在の金額で一三万五〇〇〇円になる。高等小学校卒の日給八〇銭、高等女学校卒が一円五銭の時代だ。荷風といい、菊池といい、「円本」や『文藝春秋』で儲けた、当時の文豪の大盤振る舞いがうかがえる。

赤、紫、青組に女給を分けて売り上げを競わせた発想は、現在の芸能界における「AKB48」のプロモーション活動と変わらない。菊池の行動は〝大人買い〟の元祖か。

こうした文化人の振る舞いを皮肉る資料も残っている。『銀座』（銀座社／大正一四年八月号）に掲載されている「カフェライオン鼻つまみ番附」というもので、五二人が大相撲の番付にならい東西に張り出されて、寸評されている。勧進元は雑誌の発行先だった銀座社だ。最高位は大関（東西各一人）で、以下関脇（同）、小結（同）、前頭（同各二三人）と続く。たとえば次のように書かれている。

・大関　村松正俊　（一日に八遍も来るから）
・大関　原　貢　（紅茶一杯で六時間もいるから）
・関脇　酒井眞人　（弱いくせにけんかをするから）
・関脇　沙良峰夫　（酔うとニシン場の自慢をするから）
（筆者注：現代の文字づかいに改めた。以下同。なおニシン場とはニシンの漁場のこと。二八歳で夭折した詩人・沙良峰夫はニシン漁で知られた北海道・岩内町出身だった）

男性ばかりでなく女性文化人にも容赦がないが、時代を反映して、女性の場合は舞台衣裳家の土方梅子《ひじかたうめこ》（女だてらに煙草を吸うから）や、女優の英百合子《はなぶさゆりこ》（猥《みだら》な顔をしているから）といった、現代の価値観では少し差別的な表現も目立つ。
他に著名な人物やユニークな論評を抜き出すと、こうつづられている。

・前頭　広津和郎　（店のことを小説にかくから）

・前頭　松崎天民（相も変わらず偉そうな法螺《ほら》ばかり吹くから）
・前頭　宇野浩二（ハゲかくしにシャッポをとらないから）
・前頭　山田耕作（金もないくせに特別室へ這入《はい》るから）
・前頭　久米正雄（女房を連れて女給を張りに来るから）
・前頭　岡　康雄（女給をちっとも張らないから）
・前頭　尾崎士郎（宇野千代に飲み代を貰ってくるから）
・前頭　菊池　寛（たまに来て女給を張るから）

久米正雄や菊池寛は「女給を張る」（金銭でなびかせようとする）ことで叩かれ、岡康雄は「女給をちっとも張らない」ので叩かれるなど、タイガーに比べて正統派といわれたライオンでも手厳しい。文豪や文化人も形無しである。なお広津和郎（一八九一［明治二四］－一九六八［昭和四三］年）は、『婦人公論』に連載した小説『女給』を、番付で張り出された七年後の一九三一（昭和六）年に中央公論社から発表しており、主人公はカフェー・タイガーに勤める小夜子だ。小説に登場する吉水という流行作家は、菊池寛がモデルだった。永井荷風を思わせる作家も出てくる。

このあたりの話は、画家としても活躍する林哲夫氏の著書『喫茶店の時代　あのときこんな店があった』(編集工房ノア／二〇〇二年刊）にくわしい。同書には、広津の小説で暴露された菊池寛が、中央公論社社長に送った抗議文を、『婦人公論』がちゃっかり、〈僕と「小夜子」の関係　菊池寛〉として掲載した雑誌広告も載っている。カフェーに出入りした文化人の意外な一面がうかがえよう。

広津の小説の後も、女給をテーマにした著作物は増えた。多くは男を手玉に取りながらしたたかに生きる女性だ。時代は飛ぶが、昭和三〇年代、帰りが遅かったり、お酒を飲んで帰宅した娘（昭和ヒトケタや戦前生まれ世代）を、父親（明治生まれ。当時は厳格な父親だった）は「カフェーの女給のような真似をするな！」と叱っていた。叱られた側から聞いた実話だが、これが当時の一般男性の女給に対するイメージだった。

戦前のカフェーが、純粋な喫茶店を示す「純喫茶」と「カフェー」に分かれていき、やがてカフェーは特殊喫茶として警察の監視下に置かれたのは、紹介したとおりである。

なお、もともとカフェバーやレストランの色合いが強かったカフェー・ライオンは、昭和六年に経営が大日本麦酒（サッポロビールの前身）に移り、現在はサッポロホールディングスの子会社である株式会社サッポロライオンが受け継ぐ。銀座店の場所は、四丁目交差点から少し新橋寄りの銀座五丁目に移ったが、ビアホールやブラッセリー（食事のできるビアホール）の「銀座ライオン」として親しまれている。

美人喫茶からメイドカフェへ

（8）変わらぬオトコの願望を満たす

高度成長期には、若い女性の接客で知られた「美人喫茶」があった。その名前は、当時を知る世代には共通言語だ。文字どおり、美人のウエイトレスを揃えた喫茶店である。銀座では「プリンス」が最も有名で、他に「田園」「コンパル」などが知られていた。

こうした美人喫茶の多くは、落ち着いた雰囲気の店だった。ウエイトレスの年齢は二〇代から三〇代。役者志望の女性や、大人の雰囲気の女性も多かったという。

ただし値段は非常に高く、三笠会館の近くにあったプリンスでは「四〇年ほど前にオレンジジュースが七〇〇～八〇〇円。レモンスカッシュも同じだった。当時〝レスカ〟

と呼ばれたレモンスカッシュは人気メニューの一つで、カウンター越しに美人のウエイトレスと対面できる店だった」（若手時代に利用経験をもつ六〇代の会社員）。

特定の女性と仲良くできないよう、少しずつ女性の位置が変わったり、ボーイが目を光らせていた店もあったとか。ウエイトレスと会話禁止の店もあったと聞く。

多くのビジネスマンに聞いたところでは、一九六〇年以降生まれで、美人喫茶のことを知っていた人はゼロ。説明すると「学生や若手社会人時代に行った『アンナミラーズ』のウエイトレスを思い出す」と答えた人が目立った。

アンナミラーズは昭和五〇年代から平成初期にかけて首都圏で人気を呼んだ店で、アメリカンタイプの大ぶりなパイが売り物。接客するウエイトレスは、胸を強調したような白いブラウスでミニスカート姿だった。筆者も学生時代に何度か行ったことがある。同世代では、社会人になって「打合せをこの店でやった」という声もあった。

ちなみに「メイドカフェの制服の基本は、アンナミラーズの制服」という説（都市伝説？）もある。真偽のほどは不明だが、オトコの願望としては、どこかでつながっているのかもしれない。

今やニッポン文化としても知られるメイドカフェ（メイド喫茶）は、どんなものか説明する必要がないほど有名になった（写真4）。国内の三大拠点は、秋葉原（東京）、大須（名古屋）、日本橋（大阪）だという。家電街＆サブカルチャーの発信地として有名な地域に進出する。

写真4　ニューヨークに上陸したメイドカフェ
(2013年・ロイター／アフロ)

メイドカフェの老舗が、秋葉原「カフェ・メイリッシュ」だ。二〇〇二年のオープン以来、競争・淘汰の激しいなか、一〇年以上にわたり固定ファンを獲得している。サービスはいたって正統で、鼻の下を伸ばすようなサービスはない。

テレビの深夜番組に出てくるようなイメージで行くと、裏切られるかもしれない。店内は一般的なカフェよりも少し派手な、白とピンクを基調とした色づかい、という程度だ。好みのメイドの指名制度などもない。

曜日によってイベントも行う。中身は、たとえば「チャイナＤａｙ」や「ヤンキーＤａｙ」、「ハロウインDay」「クリスマスDay」「卒業式Day」といったコスプレをメインにしたものが多い。

男性客が多いイメージがあるが、意外にもお客の割合は男女半々。「ホストDay」のような男装イベントでは、九割が女性客だという。コスプレに興味のある女性も目立ち、メイドの衣装を上から下まで厳しくチェックする人も多いとか。

男性客もさまざまだ。オタク系もいれば、一人でくつろぐ学生風もいる。取材時には「話のネタにね」と言いながら店の階段を上がるサラリーマンらしき中年三人組もいた。

秋葉原だけで、メイドカフェは数十軒あるといわれる。ブームを経て人気が定着した現在、単なるモノマネではお客の支持も得られない。あくまでも正統的なサービスを貫くのが、長続きする秘訣のようで、外国人客の関心も高い。

西からやってきた「ノーパン喫茶」

（9）欲望に応える「風俗系喫茶」

もっと風俗に寄った分野では次のようなものがある。このゾーンに入ると、目的は別にあり、ついでに喫茶の業態をとっているわけだ。風俗系の紹介は本筋から外れるが、カフェや喫茶店が「時代の反映」や、「何でも取り込む存在」だった一例として触れておきたい。

写真5 東京・赤坂のノーパン喫茶（1981年・共同通信社）

・「同伴喫茶」（男女のカップルで入店が基本。薄暗い店内のソファでイチャイチャできる店）

この同伴喫茶は「アベック喫茶」や「連れ込み喫茶」とも呼ばれた。現在は「カップル喫茶」の名前で営業する店もあり、マニアの支持を受けているという。

・「ノーパン喫茶」（写真5／下着をつけていないウエイトレスが接客した店）

「文化と風俗は西からやってくる」ともいわれる。戦前のカフェーが特殊喫茶としてサービスが過激になったのも、大阪から来た店の影響だという。ノーパン喫茶もその伝統を裏づける。元祖は一九七八（昭和五三）年、京都市西賀茂の「ジャニー」といわれるが、全国的に有名となったのは八〇年に大阪・阿倍野にできた「あべのスキャンダル」だ。この店の女性店員は全裸に近い格好だった。

当時の『週刊現代』（一九八一年三月一二日号）には、経営者は同志社大で電子工学を専攻した三二歳の男性で、「一日の売り上げが平均、客千二百五十人で約二百万円。女の子のギャラが約百万円ですから、残りの百万円が一日の純益ということになる。コーヒーやジュースの原価なんてのは四、五十円やから、たいした問題ではあらへん。一ヵ月にすると三千万円の純利益や」といった取材記事が掲載されている。この店がブームとなって全国に広がった。同誌でも四月九日号、四月二三日号、四月三〇日号……と、ほぼ毎号のようにこの手の店を追いかけている。

ノーパン喫茶の基本は客席の床が鏡張りになっていて、それを見ながら飲食するシステムだ。目的は別なので、こうした店でコーヒーの味に文句をつける客はいない。あまりにも一気に各地に広がり、警察の摘発により消滅したといわれる。

筆者（一九六二［昭和三七］年生まれ）も、高校三年の時に地元・愛知県のノーパン喫茶に行ったことがある。幼なじみで一学年上の先輩（大学一年）が「バイト代が入ったからおごってやるよ」と誘ってくれ、喜んでついていった。料金は一五〇〇円か二〇〇〇円。隣接するキャバレーと同じ店名だったので、ウエイトレスさんは隣からお越しになっていたようだ。髪を明るく染めた女性一人で、店内は薄暗く、客席下のミラーに照明が反射してほとんど見えなかった。確か一時間の時間制だったと思う。筆者の大学の同級生（神奈川県出身）は、高校時代、旅行先の奈良県の店に行ったという。

都内で一九八六（昭和六一）年から、野球好きが集まる人気居酒屋「あぶさん」を経営する石井和夫氏（一九四九［昭和二四］年生まれ）は、三〇代前半の若かりし日に新宿・歌舞伎町の店に通った一人。「金額は覚えていないが一五〇〇円から二〇〇〇円だった。まだ独立前で、近くの老舗焼肉店で働いていた時期。周りの仲間も結構行っていたよ」と少し照れながら話す。たしかに、前記の「あべのスキャンダル」の売上額を客数で割ると一六〇〇円。これが相場だった。

一九九八（平成一〇）年に銀行の〝MOF担《モフたん》〟と呼ばれる行員による、大蔵省（現・財務省）の幹部官僚に対する接待内容が大きな社会問題となった。その舞台の一つが、ノーパンしゃぶしゃぶ店（店名は「楼蘭」）だったのをご記憶の読者もいるだろう。時代とともに消費者・生活者としての嗜好はどんどん変わるが、オトコの本質はホントに変わらない。

未だ根強い愛煙家のニーズ

(10) たばこ難民の「逃避地」

「成人男性の八三・七%」(一九六六〔昭和四一〕年)——何のことかおわかりだろうか?昭和四〇年以降で最も多かった年の、男性の平均喫煙率の数字だ(JT「全国喫煙者率調査」)。

毎年ニュースで報道されるように喫煙者の割合は年々減少している。最新の同調査「二〇一四年全国たばこ喫煙者率調査」で成人男性の喫煙率は三〇・三%。かつては五人に四人の男性が吸っていたたばこも、近年は三人に一人も吸わない。

高度成長期は、オトコがたばこを吸う行為は当たり前だった。俳優や作曲家としても有名な宇崎竜童が率いるダウン・タウン・ブギウギ・バンドのヒット曲に「スモーキン・ブギ」(昭和四九年一二月発売)という、たばこを真正面から取り上げた歌があったほど。すでに喫煙率は下がっており、同年の成人男性平均で七八・八%だったが、二〇代では八二・九%。背伸びをしたい年代の象徴でもあった。曲の歌詞には「授業をサボっ

【図表8】　喫茶店（カフェ）に対して求める条件

理由	男性（%）	女性（%）
コーヒーがおいしい	68.8	63.6
気楽に行ける、入りやすい	34.4	29.2
居心地がよい	24.8	24.0
立ち寄るのに便利な場所	25.2	21.6
リラックスできる、落ち着ける	21.2	23.2
食べ物がおいしい	14.0	19.2
タバコを吸える	16.8	7.2

（出所）全日本コーヒー協会（2006年）。18～69歳の500名（男女各250名）に行った調査

て喫茶店で「プク」という一節もある。これは高校生を意識したのか、大学生や専門学校生を意識したのか。統計はないが、当時の一七歳や一八歳の平均喫煙率はどの程度だったのだろう。

時代は変わった。今や「たばこなんて一生吸いたいと思わない」という男子高校生の声も耳にするほど。現在でも喫煙者は肩身が狭いが、将来はさらに肩身が狭くなりそうだ。

しかしカフェとたばこは、もともと外来品同士で相性がいい。少し古いデータだが、全日本コーヒー協会の調査（二〇〇六年一〇月）による、お客が喫茶店（カフェ）に行く条件を図表8に掲げてみた。「コーヒーがおいしい」が圧倒的に高いが、「タバコを吸える」というのもなかなか高く、男性では「食べ物がおいしい」を上回っている。

女性人気の高いスターバックスだが、愛煙家の女性はたばこを吸えるドトールを支持する。日本のコーヒー文化を〝開

国〟したスタバも、喫煙者には〝鎖国主義〟（全面禁煙）だからだ。シアトル系ではタリーズコーヒーが「分煙」を採用。完全な鎖国にしないで長崎・出島での貿易を認めた江戸幕府のような手法は「たばこを吸うお客さまも大切にしたい」経営方針による。

たばこの欠点は「受動喫煙による健康被害」や「煙のニオイが漂い、周辺に充満すること」だが、最初にこのテーマで取材した五〜六年前に比べて店側の工夫も進んだ。手狭な個人経営店では、分煙設備の導入がむずかしいが、大手・中堅チェーン店ではドアで間仕切りをして、煙が禁煙席に流れないよう工夫している。時代を反映して、たばこを吸いたくて店に来る女性客も目立つ。

ある経営者によれば「女性の喫煙客は、席に座るとすぐにたばこを取り出して火をつけることが多いが、男性客はコーヒーを飲んでから吸う人が多い」とか。「二〇一四年全国たばこ喫煙者率調査」で、成人女性の喫煙率は全体平均で九・八%。四〇代が最も多く一四・八%だ。

こうした客層を取り込もうとする店もある。たとえば上野・アメ横の「カフェニキ」がそうだ。この店は、二木《にき》ゴルフや二木の菓子で知られる二木グループの経営。座席数七五席のうち喫煙席が五五席、禁煙席が二〇席と、このご時世では珍しく喫煙客にやさしい。ゆったりしたソファで、パスタやホットサンドも食べられるフルサービス型の喫茶店だ。

常連客にはアメ横で働く人も多い。喫煙席が多いのは「立ち仕事で働く化粧品店や、飲食店の店員さんが毎日のように休憩に来られ、息抜きにたばこを吸われるからです」（経営する二木商会社長の二木《ふたつぎ》忠男氏）。非喫煙客からのクレームもほとんどないという。

有楽町や新橋には「カフェ・トバコ」という店がある。たばこのイラストとともに喫煙できることを看板に掲げる。この有楽町店も、取材時には「愛煙家の男性客以外に、近くのビルの専門店で働く女性喫煙客が多い」と話していた。

日本に「スポーツカフェ」は合わない!?

（11）共通の趣味を持つ人々が集う場所

世界中が熱狂するサッカーW杯や五輪だけでなく、毎週行われる欧州サッカーやMLB（米大リーグ野球）の公式戦が、テレビのライブで見られる時代。世界レベルのスポーツ競技を視聴しながら飲食を楽しむのが「スポーツカフェ」だ。特にサッカーカフェは、もともと本場の欧州では人気で、カフェよりもバーの要素が強い。英国の場合はパブがその役割を担う。店内の大画面で試合観戦ができるのが特徴だ。ビッグイベントがある日はファンが集まり、選手のプレーに一喜一憂しながら朝まで盛り上がる。試合のない日は、過去の名勝負を放映する。選手の好プレーや珍プレーも、おつまみ代わりだ。

日本でも一九九三(平成五)年のJリーグ発足以来、人気を呼んだ業態だが、最近は大きな話題にならない。「二〇〇二年の日韓W杯がピークだった」という声もあるが、ブームが落ち着き、スポーツカフェは各地に根づいている。

カフェという業態で考えると、選手も来店するような大型店はともかく、小規模な個人店での経営は厳しそうだ。それは欧米と日本の飲み方の違いもあるという。都内で小さなスポーツカフェを運営する関係者は、かつてこう指摘していた。

「スポーツカフェを単独事業として手がけるなら、外国人をターゲットにしないとむずかしい。試合前に一杯だけ注文して、試合が始まると静かに観戦する日本人客に比べて、外国人客は何杯もおかわりしながら楽しく騒ぐ。文化の違いだろうが、客単価が全然違う」

そう語っていた店も、カフェ単独としては利益が出ず、旅行会社のアンテナショップ

【図表9】　「テーマ型」喫茶店の例

種類	店の業態	付加価値	代表的な店
女性接客系	特殊喫茶（戦前）	女性給仕（女給）が接客をする	「カフェー・タイガー」
	美人喫茶（昭和40年代）	美しい女性が接客をする	「プリンス」
	ノーパン喫茶（昭和50年代）	ノーパンの女性が接客をする	「あべのスキャンダル」
	コスプレ型喫茶（昭和50年代～平成）	エプロン姿の女性が接客をする	「アンナミラーズ」
	メイドカフェ（平成）	メイド姿の女性が接客をする	「カフェ・メイリッシュ」
趣味系	スポーツカフェ	人気スポーツを観戦できる	—
	ドッグカフェ、キャットカフェ	犬や猫と一緒にくつろげる	—

の位置づけだった（現在は閉店）。その後、別法人のスポーツカフェにも話を聞いたが、本格的なピザを看板商品にしていたり、店内にダーツを置く複合カフェにしていたり、一部のマニア向けにならない工夫を凝らしている。大型画面や中継映像などの設備投資が必要になるので、単価の低いソフトドリンク中心では厳しい。現在の人気店もフードやアルコールメニューを充実させたスポーツバーが中心だ。

国内に愛好家が多い、たとえば「鉄道カフェ」や「犬《ドッグ》カフェ」「猫《キャット》カフェ」といった業態も、地域の話題店になったり、一部のマニアの支持は受けても、全国的に有名な超人気店にはなかなか成長しない。以前、軽井沢の大型ドッグカフェに話を聞いたが、場所柄、冬季の集客は厳しいという。

何百万人、何千万人と愛好家がいるテーマを付加価値としてつけても、総じてうまくいかないのはなぜか。その理由を各方面で取材してみたが、腹に落ちる答えは返ってこない。「ダーツやビリヤードのように、趣味に走るとカフェではなくバーになってしまう」という意見もあるが、それだけだろうか。多様な業態を取り込んで成長してきた日本のカフェも「趣味系」を人気店に育て上げるのはむずかしい。

こうしてみていくと、人と人が出会い打合せや懇談する、あるいは音楽を楽しむ部分では欧州と同じでも、その時々の流行を取り入れつつ、創意工夫して多様化させるのが日本流のカフェ・喫茶店といえよう（七三ページ図表7、九三ページ図表9を参照）。店の業態だけでなく、飲食物のメニューや味も絶えず改良し続けることで〝世界一厳しい（細かい）〟といわれる消費者と向き合い続けている。

第三章　なぜ名古屋人は喫茶好きなのか

一般には「排他的」「ケチだけど見栄っ張り」と揶揄《やゆ》される名古屋人。筆者は当地で生まれたが、さまざまな土地を取材する立場では、当たっていると思う。企業活動を例にとれば、名古屋駅に髙島屋が進出して人気が定着し、名古屋で創業した松坂屋（江戸時代に当地で創業した呉服店が前身）が大丸と経営統合し、東海銀行が三菱東京ＵＦＪ銀行になり名前が消えた現在、もはや「排他的」ではいられなくなったが、「ケチだけど見栄っ張り」な面は今でもそうだ。ふだんは節約するが、ここぞという時にはカネを惜しまず使う、まさに名古屋型結婚式のようにふるまう企業もある。

他地域の人気店が「ベンチマーク」する

だがコーヒー業界では、名古屋地区は一目置かれる存在だ。一例を挙げよう。

福岡県北九州市に本社を構える極東ファディ（一九五三〔昭和二八〕年創業）という会社がある。地元の福岡県や大分県、佐賀県、長崎県、そして関門海峡を渡った山口県で「カフェファディ」というセルフカフェを展開する人気店だ。地域のバリスタ選手権である「ファディカップ」を主催するなど、九州地区での影響力は強い。

もともとこの会社は、コーヒーよりも業務用食品に重きを置き、卸売業を営んできた。それが創業者の長男・秋本修治氏が社長に就任して以来、①コーヒー豆と食品の卸（業務用）、②コーヒー豆と食品の小売り（一般消費者向け）、③カフェの運営という三位一体型の経営スタイルに変えて業績を伸ばす。カフェを併設した店舗も着実に増え、今では業務用・小売りを合わせて、年間三〇〇トン以上のコーヒー豆を販売する。

ファディが喫茶業に力を入れることを決断した際、秋本さんが視察したのが名古屋地区の店だったのだ。東京ではスタバやドトールのようなセルフカフェが主流だが（最近は流れが変わりつつある）、名古屋はフルサービスの喫茶店が強い。「休日に家族そろって『モーニングサービス』を食べるような文化を九州地区でも根づかせたいと思った」

と、本人は振り返っている。

結局、多方面から検討した結果、「カフェファディ」はセルフカフェ業態でスタートして人気店に育った。近年は九州地区でもモーニングが人気だという。

名古屋に出張が多いビジネスマンには「コメダ珈琲店」（一九六八［昭和四三］年創業。本社：名古屋市東区）が最も知られた存在だ。黒地にオレンジ色の文字のデザインが特徴的なコメダは、創業者の加藤太郎氏から投資ファンドが株式を取得して以来、一段と店舗拡大を進めており、首都圏にも積極的に出店している。

この店の看板メニュー「シロノワール」は温めたデニッシュ系のパンの上に、ソフトクリームとさくらんぼがトッピングされた品だ。好みで、別添えのシロップをかけて食べる。さまざまなフードメニューが揃うコメダだが、カツサンドやハンバーガーなどパンメニューが中心。ごはん系は置いていない。

名古屋地区以外に店舗も増え、筆者も二〇一四年四月に福井市内の店を利用した。周辺に飲食店の少ないロードサイドでの昼食時に、ゆったりした空間でハンバーガーとアイスコーヒー、シロノワール（小）を味わった。コメダを「総合型の喫茶店」と説明する業界関係者もいるが、実はメニューを絞り込み、できたてを提供することにこだわる。

一方で、コーヒーにはこだわりを感じない。工場でつくられたものを店舗で還元しているせいだろう。専用工場で抽出してリキッド状態にしたものを、毎日各店舗に配送。店舗ではこれを加熱してお客に出す。コメダ側は「商品の均一性を追求して、この方式を採用した。同じ味を提供することにこだわった結果で、コーヒー通をうならせるシングルオリジンなどは手がけていません」と説明する。つまり割り切っているのだ。利用者側も心得ている。二〇一四年八月に名古屋で乗車したタクシーの運転手さんは「コメダはあちこちにあるので時々利用する。どの店に行っても味が変わらないので安心感があり、使いやすい」と語っていた。

筆者は、コメダを〝名古屋型イメージ喫茶店〟ととらえている。モーニングセットに代表される、他の地域の人がイメージする名古屋スタイルの店という意味だ。

経営を支配する投資ファンドが交代しても、コメダの快進撃は続き、首都圏でも積極展開。主に郊外型店として人気だが、一四年夏にはJR中野駅に近い「中野マルイ」にも出店。ほとんどが直営店ではなくFC（フランチャイズ）店だが、店舗数は五八一店（二〇一四年八月末現在）と、すでにドトール、スターバックスに次ぐ規模となった。

危機感を覚えた銀座ルノアールが、初の郊外型店「ミヤマ珈琲」を埼玉県朝霞市に出店（二〇一二年一二月オープン）し、さいたま市や草加市にも店舗を広げている。ドトール・日レスホールディングスも二〇一一年四月からスタートさせた、フルサービス業態「星乃珈琲店」のFC展開を一三年から急加速させている。両店ともドリンク代のみのモーニング導入やメニュー構成など、コメダをかなり意識した店づくり。

ミヤマの朝霞本町店、練馬春日町店や星乃の六本木店も利用したが、ほぼ満席だった。星乃珈琲店は、コメダの地元・名古屋に乗り込むなど、フルサービスの喫茶店の戦いも激しさを増す。

「飲酒」より「喫茶」にカネを使う

名古屋人の喫茶好きを示すデータがある。次ページ以降に掲げた新旧二つの表（図表10、図表11）を見ていただきたい。最新の調査でも、一世帯当たりの喫茶にかける支出が突出しているのは名古屋市と隣県の岐阜市である。過去の調査を定点観測すると、一位と二位は調査年によって入れ替わるが、他の都市を大きく引き離してトップの座を争う構図は変わらない。東京二三区はいつも三〜四位で、大阪市は喫茶店数こそ多いが、支出金額は低い。

【図表10】　2010-12年　都道府県庁所在地&政令指定都市「喫茶代」トップ20

順位	一世帯当たり年間支出額(円)	市	都府県名(地方)
1	1万2367円	名古屋市	愛知県(東海)
2	1万1874円	岐阜市	岐阜県(東海)
3	8203円	東京都区部	東京都(首都圏)
4	7595円	川崎市	神奈川県(首都圏)
5	7564円	神戸市	兵庫県(近畿)
6	7415円	奈良市	奈良県(近畿)
7	6992円	横浜市	神奈川県(首都圏)
8	6910円	京都市	京都府(近畿)
9	6060円	高知市	高知県(四国)
10	5995円	高松市	香川県(四国)
11	5794円	金沢市	石川県(北信越)
12	5740円	大阪市	大阪府(近畿)
13	5441円	津市	三重県(東海)
14	5340円	さいたま市	埼玉県(首都圏)
15	5318円	千葉市	千葉県(首都圏)
16	5313円	広島市	広島県(中国)
17	5089円	大津市	滋賀県(近畿)
18	5083円	福岡市	福岡県(九州)
19	4477円	岡山市	岡山県(中国)
20	4388円	堺市	大阪府(近畿)
〜〜〜〜〜〜〜〜〜〜〜			
50	2487円	山形市	山形県(東北)
51	1904円	青森市	青森県(東北)

※全国平均：5093円／(出所)総務省統計局「家計調査」(平成22〜24年の平均)

これが「飲酒」となると上位の顔ぶれは大きく異なり、同じ二〇一〇～一二年の総務省調査では、①高知市 三万九九三〇円、②長野市 二万七三七七円、③東京都区部 二万四二九二円、④金沢市 二万四〇三八円、⑤福島市 二万二三八二円となる。市内に居酒屋が多い〝酒飲み・高知〟らしい結果だが、喫茶好きの二都市は㉜岐阜市 一万六二一六円、㊽名古屋市 一万一二一〇円と全国平均（一万六六七一円）以下。名古屋にいたっては、飲酒金額よりも喫茶金額が上回っている。クルマ社会で夜が早い土地柄でもあり、昔から名東区猪子石《いのこいし》のように道路沿いに喫茶店が立ち並ぶ「喫茶街道」と呼ばれる地区はあったが、それにしても……という結果だ。

始まりは尾張徳川藩の振興策

そもそも、なぜ名古屋圏で喫茶文化が盛んになったのだろう。

当地の喫茶文化の礎《いしずえ》を築いたのは、尾張藩の第七代藩主・徳川宗春《むねはる》（一六九六－一七六四年）といわれる。一般の知名度は高くないが、この地区では大人気の殿様だ。藩主として権力を担った九年間（一七三〇～三九年）は、「享保の改革」で知られる紀州徳川家出身の八代将軍徳川吉宗（一六八四－一七五一年）の治世（一七一六～四五年）と同時期である。

及び1世帯当たり年間の喫茶代

1万人あたりの喫茶店数	面積（㎢）	面積1㎢当たりの喫茶店数	1世帯当たり年間の喫茶代（円）
6.6	37万7906.97	0.2	5478
5.2	1121.12	0.9	4656
3.1	788.09	0.4	3061
3.0	168.33	1.9	6294
2.7	272.08	0.9	4965
8.2	621.49	11.1	8555
2.4	144.35	2.1	7709
2.6	434.98	2.1	7108
23.0	326.45	15.5	1万4616
14.2	610.22	3.4	6026
24.1	221.96	28.6	5918
15.4	551.40	4.3	6363
7.3	742.03	1.1	4474
4.6	485.55	0.9	4239
5.2	340.60	2.1	6591

茶店数、事業所数：平成16年事業所・企業統計調査、人口：推計人口（平成

側室が多かった三代藩主・綱誠《つななり》の二〇男として生まれた宗春は、本来は跡を継ぐ立場になく、若い頃は、芝居見物や遊郭に出かける日々を過ごしていた。そんな〝放蕩息子〟が三五歳になって、兄の継友《つぐとも》（一一男）の跡を継ぎ藩主に就く。継友は将軍の後継者争いで吉宗に敗れ、十数年後に亡くなったが、他の兄たちが他家の跡を継いだり、世を去ったりした結果、巡ってきた尾張宗家《そうけ》の藩主の座だった。

吉宗が将軍就任後、疲弊した幕府の財政を立て直すべく「増税」と「質素倹約」を命じ、自らも質素な生活を送ったのに対して、十数年を経て尾張藩主に就いた宗春は違った。名古屋入府に際しては、宗春は豪華な黒ずくめの衣装を身にまとい、家臣も華麗な衣装を着ていたという。就任時に著した『温知政要』とい

【図表11】　2004年　14大都市の喫茶店数と人口・面積

都市	喫茶店数	全事業所数	全事業所に対する構成比（%）	人口（人）
全国	8万3684	572万9209	1.5	1億2767万6470
札幌市	979	7万1305	1.4	186万6723
仙台市	322	4万3463	0.7	102万4483
さいたま市	316	3万2648	1.0	106万4280
千葉市	248	2万7196	0.9	91万7481
東京都区部	6918	53万8805	1.3	839万2789
川崎市	308	4万1244	0.7	130万4493
横浜市	933	10万7187	0.9	355万1230
名古屋市	5067	12万8660	3.9	220万90
京都市	2082	8万245	2.6	146万5852
大阪市	6337	20万3254	3.1	263万4492
神戸市	2344	7万371	3.3	151万8918
広島市	838	5万83	1.7	114万3004
北九州市	460	4万8006	1.0	100万559
福岡市	717	7万386	1.0	138万9285

（出所）名古屋市総務局企画部統計課（平成16年）／（注）各数値は次の統計調査結果である。喫
16年6月1日現在）、1世帯当たり年間の喫茶代：平成16年家計調査

う政策書でも「法令が多いのはよくない」「倹約はかえって無駄を生ずる」と述べている。

その後も幕府の倹約令に対抗するかのように派手に振る舞い、城下に芝居小屋や遊郭などの施設を許可するなど、独自の政策を進めた。商人は大いに喜び、他の地域からも業者が集まって遊興が盛んになり、庶民も娯楽を楽しんだ。岩本馨氏著『近世都市空間の関係構造』（吉川弘文館／二〇〇八年刊）によると、宗春治世の城下を描く「享元絵巻」には、人々が広小路や大須を往来し、飲食物を売る出店の様子も描かれている。

現在の国家運営でいえば、吉宗が増税

と経費節減を唱え、収入を増やしながら支出を抑えることで財務体質を強化したのに対して、宗春は規制緩和で商業・サービス業を発展させたという構図だ。

しかし、宗春は重臣の経済政策の失敗や藩内の動揺を幕府に問われて、謹慎となり失脚。死後も墓には鎖がつけられ、長年許されなかった——が通説だが、市内に残る墓の修復運動にも関わった研究家で、『徳川宗春〈江戸〉を超えた先見力』（風媒社／二〇一三年刊）を記した岐阜県・高家寺《こうけじ》の北川宥智《きたがわゆうち》住職によると、墓に鎖がかけられた跡はなかったという。

真偽のほどはともかく、現在でも宗春ゆかりの飲食文化は名古屋に根づく。たとえば宗春時代から売られていた伊勢名物の「赤福餅」は、新幹線で名古屋駅を降りると、あちこちの売店で販売されている。二〇一四年に市内の繁華街・地下鉄伏見駅近くで目にしたのが、明治二年から続く大型寿司店「東鮓本店《あずまずし》」の巻物メニュー。名古屋開府四〇〇年を記念してつくられたそうで、入口には殿様のイラスト、巻物の断面写真とともに、次のように記されていた。

「倹約巻」　享保吉宗　中太巻　一本四六〇円（税込）

刻み椎茸とあなごの倹約材料が、美味しく登場！　吉宗の精神が薫ります！
「でらうま巻」　尾張宗春　太巻　五切九〇〇円（税込）
鯛の昆布締め！　あなごの旨さ！　宗春の食文化は一流の調理から！
「ぜいたく巻」　元禄綱吉　太巻　五切一三〇〇円（税込）
たっぷり帆立てと海老とカニ！　ぜいたくな元禄の趣きを綱吉の感性で表現！

もちろん洒落が込められているのだが、〝吉宗〟の倍近い値段の〝宗春〟でも〝綱吉〟の絢爛豪華な元禄文化には及ばない。ちなみに「でらうま」とは名古屋弁で「でりゃーうみゃー（どえらいうまい）」＝「ものすごくおいしい」の意味。

喫茶という行為を歴史的に補足しておこう。「カフェー」は明治以降の西洋文化だが、茶を喫する（飲む）「喫茶」は奈良時代に始まるという。平安時代には天台宗の開祖・最澄が比叡山に茶の実を植えたとも伝えられている。茶屋の起源は鎌倉時代とされているが、時代劇に登場する喫茶や食事を提供する休憩所の「茶屋」ができたのは江戸時代。徳川幕府が五街道を整備して以降だ。ここでは主に日本茶を出していた。

名古屋を開府した徳川家康（尾張藩初代藩主・義直は家康の九男）は、名古屋城の正面の一等地を町人街として、他の城下町に比べて規模も大きく正方形で整えた。「碁盤割《ごばんわり》」と呼ぶこの地域、とくに「上町《うわまち》」では茶道や踊りなどの町人文化が盛んになった（『碁盤割　町の成り立ちとくらし』沢井鈴一氏〔郷土史家／元市邨《いちむら》学園高校国語教諭〕、『開府名古屋の都市づくり』池田誠一氏〔郷土史家／元名古屋市役所職員〕らの研究も参考にした）。尾張を中心にお茶も飲まれており、煎茶や番茶ではなく、日常的に抹茶を楽しんでいた。余談だが、名古屋弁にも上町言葉と下町言葉があり、語尾に「——でなも」とつけるのは上町言葉だと聞く。

「広ブラ」時代の名古屋のカフェー

「銀ブラ」の意味は第一章で記したが、かつて名古屋には「広ブラ」があった。この場合の広ブラとは、広小路の栄町（中区）から柳橋（中村区）まで歩くこと（栄↔納屋橋とする説もある）。筆者の母親（一九三四〔昭和九〕年、中区正木町生まれ）の世代まで楽しんだ文化だ。名古屋駅（地元では名駅《めいえき》と呼ぶ）に行くには笹島の交差点を右折するため、広小路は終わってしまう。柳橋はその手前の地名だ。

広ブラを味わってみようと考え、名古屋出張の折に名駅から栄まで何度か歩いてみたが、寄り道をしなければ三〇分ほどの距離。地下街が発達している土地ゆえ、東京や大阪に比べると、路上ですれ違う人は圧倒的に少ない。一九五七（昭和三二）年に名古屋に地下鉄・東山線が開通し、栄や名駅に巨大地下街ができてから、広ブラは衰退していったという。ビルが立ち並び、クルマの行きかう広小路通りを歩いても風情に乏しいが、それでも時折見かける昔ながらの建物で往時をしのぶことができる。

大正から昭和にかけて、「広小路でブラジルコーヒーを飲む」も存在した。栄町交差点の近くに「カフェー・パウリスタ名古屋喫店」が一九一三（大正二）年に進出していたのだ。コーヒー一杯は五銭と、東京と同じ価格だった。まだ喫茶店が一軒もなかった名古屋で、本格的なネルドリップ式のブラジルコーヒーが飲める店は大きな話題となった。だがそこは名古屋人。簡単には飛びつかない。当初は一日三〇人程度の来客数だったという。同じ五銭で西洋料理が、うどんなら一銭五厘で食べられるのに比べて高いという理由だった。

転機は宇野浩二（第二章のカフェー・ライオンでも登場）の友人・宮本卯三郎が東京から転勤し、来店客らにコーヒーの飲料としての効能や、ブラジルにおける生産の方法などを説明していったことだ。こうした草の根の宣伝活動が広まり、一九一九（大正八）〜

一九二〇（同九）年にかけて「名古屋喫店では1日来店客数6000人（！）」を記録している（長谷川泰三著『日本で最初の喫茶店「ブラジル移民の父」がはじめた　カフエーパウリスタ物語』文園社刊）。

パウリスタが人気となって以来、戦前の名古屋中心街には地元資本の店に交じって、森永製菓や明治製菓（現・明治）、不二家といった大手菓子メーカーが運営するカフェーもあったが数は少なく、女性は甘味屋を利用することが多かった。隆盛となったのは、戦後の高度経済成長期になってからだ。これは後述するモーニングサービスの発達とも関連する。

名古屋の喫茶文化を歴史的に整理すると、宗春時代の茶を喫するという地域住民の遺伝子（DNA）が大正期のカフェー・パウリスタに受け継がれ、昭和三〇年代以降の個人店の林立やサービス競争で一気に拡大したのだ。

戦後まもない一九四七（昭和二二）年に開業して、現在も親しまれる地元チェーン店が「コンパル」だ。店名の由来は、創業者が戦争で上海に赴いた際に見かけた「金春」という人気飲食店にあった。復員後に店の開業にあたり、その店のように繁盛したい願いを込めたという。フードメニューにはサンドイッチが多く、地元の人には「サンドイッチの喫茶店」として知られる。

昭和三〇年代の雰囲気を現在に伝える店が、市の中心部に近い東区泉の「洋菓子・喫茶ボンボン」(一九四九〔昭和二四〕年創業)。昭和区桜山にも店がある。評判を聞きつけ、二〇一三年夏に一般客として訪れた。

店内に入ると、焦げ茶色の壁と少し薄暗い照明、朱色のソファが出迎えてくれる。苦味のあるブレンドコーヒー(三二〇円)は一口飲むと、「昭和のコーヒーの味だ」と感じる濃厚さ。イチゴのショートケーキ(三四〇円)も昔ながらの三角形だ。ガトーショコラ(二五〇円)やサバラン(二五〇円)など、ケーキは小ぶりだが二〇〇~三〇〇円台の〝昭和価格〟。東京でいえば、浅草の「アンヂェラス」(第四章で紹介)が雰囲気として近いだろう。

人気も高く、CBC(中部日本放送)や東海テレビといった地元のテレビ局が何度も取り上げるほど。「食べログ」など飲食サイトでの一般消費者の評価も高い。

昭和三〇〜四〇年代から続く人気店

高度成長期から続く老舗で、筆者が定期的に利用する店もある。「栄」の交差点に近い中日ビル二階にあるのが「サンモリッツ」だ。ビルの所有者は中日新聞社で、中日ドラゴンズの球団事務所も入居する同ビルには、劇場やカルチャーセンターもあり、昔から女性客が多い。高度成長期は「サンモリッツでケーキとお茶を楽しむことがトレンドだった」（当時を知る女性）という大型店。今でも洋菓子が人気だ。

サンモリッツシュー（シュークリーム）が二九〇円（ドリンクセットで六四〇円）、イチゴのショートケーキやモンブランが四六〇円（同セットで八一〇円）。ブレンドコーヒーは四五〇円（価格は利用時）と、一般的な名古屋価格よりは高い。最近、少しメニューも変わり、昭和色や名古屋色を強めに打ち出している。

二〇一四年一月には一人で利用したので、「名古屋コーチン　黄金の玉子サンドセット」を注文してみた。以前はなかったメニューだ。少し甘い厚焼き玉子とハムと野菜をはさんだサンドイッチが、ミニサラダとドリンクつきで九八〇円。腹持ちもする量だ。前回（二〇一三年四月）訪れた時は三人で、同席者はチョコバナナパフェ（七三〇円）を頼んだが、圧倒的なボリュームに感動していた。名古屋の喫茶店で、こうした量をケチるとお客の支持は得られない。

窓側の席に座れば、名古屋名所のテレビ塔も間近に見られる。「場所と広さ、眺めで持つ店」（地元のメディア関係者）という声もあるが、使い勝手はいい。

市内の東区泉に本店があるこの店の開業は半世紀以上前の一九六二（昭和三七）年。かつては製薬会社の興和グループの経営だった。その後、経営母体が相次いで変わり、現在は給食センターから発展した株式会社サンフードシステムが経営を担う。

一〇代の頃から時々足を運んだのが、名古屋駅新幹線口の地下街（エスカ）にある「リッチ」という個人店だ。常連には「広島から来たら必ず寄る」人がいるなど、駅に直結した地下街という場所柄、出張族にも親しまれている。

創業は一九七一（昭和四六）年。店の移り変わりが多いエスカ店舗の中で、開業から残る五店のうちの一つだ。他の四店は「きしめん亭」や「やぶ福」といった麺系飲食店の中、喫茶店として気を吐く。林清子氏（一九四〇［昭和一五］年生まれ）とご主人が始め、現在は娘の三井克子氏が代表として切り盛りする。

この店の人気メニューは「鉄板ナポリタン」（九八〇円）で、二〇一四年四月に久しぶりに味わった。前回名古屋入りした時には「小倉トーストセット」（コーヒーつきで八五〇円）を頼んだ。こちらも名古屋独特で、小倉あんを塗ったもの。しっかりしたパンは風味もよい。隠し味に、はちみつを使うという。

「トーストやサンドイッチに使うパンは県内の本間製パンの高級業務用を使い、スパゲッティはボルカノの二・二ミリのもの。ケチャップはデルモンテに限る。他のメーカーではこの味は出せない」と林さんは胸を張り、「年配のお客さんから『味よし、申し分なし』とハガキをいただいたこともあるわよ」と笑う。

コーヒーは四五〇円。カップやソーサーもノリタケの製品にこだわる。「コーヒーはぜいたく品なので、それにふさわしい器で提供する」という。素材や器に手を抜かないのも長年続く秘訣だろう。店は七時から営業し、一日平均四〇〇人、繁忙期は六〇〇人が訪れる。

ちなみにこの鉄板ナポリタンも名古屋独特だ。ハンバーグやステーキを出すような鉄板焼きプレートで、玉子を敷いた上にナポリタンやミートソーススパゲッティを載せて提供する。オムライスをひっくり返したような姿である。当地では焼きそばもこのスタイルで出されることが多い。もともとスパゲッティをこの方式で始めたのは、東区葵《あおい》にある老舗喫茶「ユキ」で、それが評判となり広がった。

近年は各メディアで紹介され、ナゴヤメシとしての知名度が上がったため、今や多くの店が写真つきの看板メニューとして打ち出す。

さまざまな「オマケ」でもてなす

結婚式の大量の引き出物に象徴されるように、名古屋人はオマケ好き。その代表が、喫茶店の「モーニングサービス」だ。朝の時間帯はコーヒー一杯の値段で、トースト＋ゆで卵がつくのが基本。さらにもう一品というケースも多い。「リッチ」のモーニングサービス（七時〜一〇時）ではコーヒー以外のドリンクでもOKで、トースト＋ゆで卵＋ヨーグルトがつく。半分や三分の一、四分の一にカットしたバナナをつける店も多い。

東京の喫茶店にもモーニングサービスはあるが、コーヒーよりも高めのセット価格となるか、コーヒー代＋一五〇円など追加料金制にする店がほとんど。この地方のモーニングサービスは、通常のコーヒー一杯と同じ価格なのだ。朝、コーヒーを頼むと「モーニングはつけますか？」と必ず聞かれる。このサービスを一日中行う店もある。

名古屋系喫茶のオマケはそれだけではない。午後の時間にはピーナッツやあられが、お猪口《ちょこ》ぐらいの大きさの皿で出される。瑞穂《みずほ》区堀田《ほりた》の店では、小さなカップケーキを出してくれたが、これも珍しくない。こうした一連のサービスが地元民の喫茶店通いに火をつけた。

そもそも名古屋人にとって、喫茶店は自宅の一部だ。友人・知人が訪ねてくると、応接間や居間で歓待するよりも「コーヒーでも飲みに行こうか」と気軽に連れ出す。これは後でくわしく紹介する「モーニングサービス」以降の伝統だ。もちろんオマケがないと人気は出ない。

昔ながらの喫茶店では、常連客はコーヒー回数券を使う。電車の回数券のように一一枚つづりで一〇枚分の値段というのが一般的（一枚オマケ）。飲み屋のボトルキープのように、常連客の回数券を預かる店もある。

地域の社交場ゆえ、新聞や雑誌をズラリと備えるのも特徴だ。スポーツ新聞にはこだわり、中規模以上の店は「日刊スポーツ」や「スポーツニッポン」は一部でも、「中日スポーツ」だけは二部以上置く。特に中高年はドラゴンズの勝敗に一喜一憂する人が多いからだ。モーニングを食べて一部百数十円のスポーツ紙を複数読むことで、喫茶代のモトをとるのが名古屋人気質。

同じ中部地方でも岐阜県と三重県の一部を除き、他の県民性は違う。本書の担当編集者は長野県出身だが、「喫茶店の数も多くないが、長野の北部では自宅を訪ねてきたお客を、わざわざ『喫茶店へ行こう』と誘いだすという発想自体、まずありません。喫茶店といえば待ち合わせ場所に使うとか、買物の途中、休憩に立ち寄るところだと思っていました。ところが、名古屋市内にある知人宅を訪れた際、『コメダ行こまい』と連れだされた時にはびっくりした」と話す。静岡県出身の何人かに聞いても「浜松市も静岡市も自宅感覚で使うことはない」と断言する（浜名湖を越えると文化が変わるといわれ、浜名湖より西の静岡県は愛知県三河地方の影響を受けてモーニング文化がある）。

「一宮モーニング」と「豊橋モーニング」

「モーニングサービスの元祖」を自称する地域が、愛知県内に二つある。尾張地方の一宮市と三河地方の豊橋市だ。両市は人口も約三八万人と拮抗《きっこう》する。

行政と民間が一体となって活動するのが一宮だ。商工会議所と市役所、高校、食品関係者などで結成された「一宮モーニング協議会」という公認団体があり、会長には名古屋の老舗繊維商社・株式会社豊島社長の豊島半七氏（一宮市在住で当時一宮商工会議所副会頭。現・会頭）が就いた（現在の会長は則竹伸也氏）。

古くから真清田《ますみだ》神社の門前町として栄え、地名も同神社が「尾張国の一之宮」だったことから名づけられた一宮市は、喫茶好きの名古屋市と岐阜市の間に位置する。明治以降は毛織物工業の中心地となり、戦後の高度成長期「糸へんの時代」と呼ばれた昭和三〇年代には毛織物や繊維業の最盛期を迎えた。「ガチャマン」と呼ばれ、ガチャンと機《はた》織《お》りをすると、万というおカネが入ったといわれた時代だ（アパレル産業が盛んで同じ喫茶大国の岐阜市も似たような状況だった）。

この時期に一宮で生まれたのが「モーニングサービス」。当時多くの〝はたやさん〟が、事務所で打合せをしようとしても織機の音がうるさくて、ゆっくり商談ができない。そこで近くの喫茶店を接客に使うようになった。多い時は一日に四〜五回も通う。やがて人の良いマスターが、朝のサービスとして「コーヒーに、ゆで卵とピーナッツをつけたのが始まり」――といわれている。

「モーニング」で地域活性化を図る一宮

これを近年、町おこしとして積極的に活用する。往時に比べて一宮市では繊維業界の海外進出が進み、さらにソニーの工場撤退などで街の性格が大きく変貌したからだ。父が昭和四〇年代に名鉄丸栄百貨店（現・名鉄百貨店一宮店）に出向していたので、筆者もまだ元気さが残っていた市内の様子を知っている。繊維や紡績が安価な中国や東南アジア製品に押され、人口やビルは増えたが名古屋通勤市民も多く、ベッドタウン化して昼間人口が減り、当時と比べて街全体に活気がない。「一宮モーニング」はそれを再活性化させる活動なのだ。

イメージキャラクター「ＩＣＨＩＭＯ（イチモ）」もつくり、着ぐるみ姿でイベントに登場する。市内在住の田中久志氏（漫画家）がデザインを担当し、各部位にはそれぞれストーリー性がある。顔は一宮モーニングの原点である卵で、その周囲は朝に昇る太陽をイメージ。目はアズキ色で、これも当地独自の小倉トーストを、衣装は繊維の街・一宮とシャレをかけて〝モーニング服〟に、靴はコーヒー色にしたという。

二〇〇七年からは「一宮モーニング博覧会（モー博）」というイベントも実施。最初の年は市内最大の観光イベント「一宮七夕まつり」の会期中に開催したこともあり、三日間で一万人を超える来場者数を集めた。その後の「モー博」では、市内の修文女子高校や一宮商業高校、名古屋文理大学の学生がアイデアを出し合って独自の「モーニングメニュー」を開発して提供するなど、高齢者が多いモーニングに、若者を巻き込むしかけも行う。モーニング博覧会は二〇一四年で八回目の開催となり、すっかり定着した。

活動の一環でモーニングプロジェクトに賛同する店舗を募集。現在は一〇〇店舗以上が参加する。その中からエントリーした店が、モー博期間中に出店ブースの中でモーニングを販売し、来場者が複数店を食べ比べた後で投票して順位を決める「モー1《ワン》グランプリ」と呼ぶコンテストも過去には実施した。

なお、参加店舗は「一宮モーニング三ヵ条」を守ることが鉄則。①一宮市内の飲食店にて提供されること、②起源に倣《なら》って卵料理をつけること、③できるだけ一宮産の食材を使うこと、だという。市内には浮野養鶏場もあり、農作物も数多く栽培されているので、地産地消もねらいの一つだ。

二〇一二年には「カフェメールネージュ」（一宮市木曽川町）という店に行き、モーニングを食べた。ドリンク代のみで、サンドイッチ、バナナ、ゆで卵、ミニサラダ、コーヒーゼリー（訪問時のメニュー）がつく豪華版。サンドイッチ以外にフレンチトースト、エッグトースト、プレーンワッフルなどから選べる。ちなみにコーヒーは当時三五〇円だった。ここまでサービスを行うだけあって、この店は二〇〇九～一〇年の「モー1」で二連覇し、一二年も二位に入った実力店。六五席ある店は朝の訪問時から満席だった。

モーニング協議会会長（取材時）の豊島さんは「この取り組みは息の長い活動にしていきたい。『朝学』と題し、モーニングを食べながら大学教授の話を聴くセミナーを開催するなど、新たなモーニングサービスを浸透させる活動も進めており、『朝から元気なまち、一宮』というキャッチフレーズも掲げています」と話していた。休日にはできるだけ加盟店で朝食をとるなど、自らモーニングを率先して利用している。

近隣と一体で「東三河モーニング」を発信

豊橋には、食品に関わる関係者で立ち上げた「東三河モーニング街道研究会」という団体がある。二〇年以上前から別団体で食品振興に関わってきたものを「モーニング」に特化して、二〇一一年から本格的に活動を始めた。

ただし、豊橋こそ元祖といった主張ではなく、「45年ほど前より、豊橋駅前の喫茶店から『モーニングサービス』が始まり、東三河全体へ広まったといわれています」というのが基本宣言。同研究会会長の中村誠孝氏（中村青果社長）、企画部長の菅沼久宣氏（中山商事営業部長）、事務局長の河合信良氏（福井商事開発部長）に話を聞いたが、「一宮とも機会があれば連携していきたい」と語る。三人とも豊橋市や蒲郡《がまごおり》市の企業に勤めながら、会の活動を担う。勤務先は食品業や設備関連業なので、本業への相乗効果もあるようだ。

豊橋は江戸時代、藩主が老中にもなった吉田藩（幕末の石高七万石）の城下町で、東海道の宿場町としても栄え、吉田宿・二川宿《ふたがわじゅく》があった。明治以降は製糸業が盛んになる一方で、陸軍の師団も置かれた軍需都市となり、戦後は商工業が発展した。貿易港でもある豊橋港を抱え、ドイツのフォルクスワーゲングループジャパン株式会社は、この港湾地区に置かれている。

そんな豊橋でモーニングが始まったのは一九五七（昭和三二）年頃、「仔馬」（現在は閉店）という店が従業員にまかないとして出していたパンを、お客にサービスとしてつけるようになり、「松葉」（豊橋市松葉町）でも始まったと伝えられる。高度成長期に市内の各店で出すのが常識となり、〝愛知モーニング〟の一角を担った。その歴史をもとに活動する「モーニング街道」は、豊橋市だけでなく、豊川市、蒲郡市、新城《しんしろ》市、田原市といった近隣市からも店が参加して「モーニング街道スタンプラリー」を実施。約五〇店の参加店のうち、二〇店以上の訪問者には達成数に応じて無料コーヒー券を出している。すでに全店制覇者が何人も出ているという。二〇一三年一一月に豊川で行われた「第8回B‐1グランプリ」（ご当地グルメでのまちおこしの祭典）でも、東三河のモーニング文化を積極的にPRした。会の認知度も上がり、メーカーの協賛も受けるようになった。

一連の話を聞いたのは、豊橋駅前の地下街にある「いちょう」（駅前店は豊橋市広小路）という店。市内中野町にある本店は、法事後の会食や食事会もできる大型飲食店で、豆腐料理や「菜めし」「田楽」などが名物。駅前店でも田楽などの食事メニューが充実している。ここも「スタンプラリー」の参加店だが、ドリンク代と同料金ではなく、トースト四〇円、ゆで卵三〇円など別料金。その分、炭火焼コーヒー三四〇円、紅茶三四〇円とドリンクは安く設定されている。朝の和定食「なめしおにぎり定食」（菜めしのおにぎり、味噌汁、漬物）や「麦めしとろろ定食」（ともに五〇〇円）にコーヒーかオレンジジュースがつくのも、この地域らしいサービスだ。

明るい話ばかりではない。全国の喫茶店数が一五万四六三〇店（一九八一［昭和五六］年）から七万四五四店（二〇一二年）に減ったように、一宮や豊橋でも喫茶店数は徐々に減っている。一宮市内にはまだ六〇〇店以上残るが、最盛期に六二八店あった豊橋市内の喫茶店は二七七店となってしまった（数字は取材時）。豊橋取材後に駅前のスターバックス店舗をのぞいたが、こちらは若者を中心ににぎわいを見せる。こうした大手のセルフカフェはモーニングを行わず、若手店主が開業するカフェもモーニングを取り入れるケースは少ない。

「家族でモーニング」は首都圏に根づくか

一方で希望も見える。カギを握るのは、喫茶店人気の復活と家族客だ。実は、コメダの首都圏展開で注目されるのは、「家族でモーニングサービスをとる文化が首都圏でも根づくか」ということ。愛知県や岐阜県では週末、家族で出かけてモーニングを頼む行為が珍しくない。一人三〇〇〜四〇〇円程度でドリンクつきの朝食がとれ、食事の準備や後片づけをしなくてすむからだ。

すでに首都圏の一部で、こうした現象も始まっている。大手広告会社の管理職はこう証言していた。「私の自宅がある横浜市郊外にも、コメダ珈琲店がある。朝行くと、モーニングを食べる団塊世代や、お年寄りの夫婦も多い。いままでこちらでは見られなかったシーンだ」。別の中堅商社の役員は「近所（都下稲城市）にできたコメダに興味があったので、夫婦で行きモーニングを食べてみた。同じ世代の客も目立った」とも話す。ルノアールが始めた郊外店「ミヤマ珈琲」でも、モーニングは好評だという。朝霞本町店のスタッフは「市営運動場なども近く、散歩がてらの高齢客も多い」と話す。

今や首都圏の繁華街では、業態を超えて〝モーニング戦争〟が花ざかり。おなじみの「朝マック」や牛丼店の「朝定食」、ファミレス以外に、立ち食いそば店が「モーニングそば」を提供し、長時間営業する低価格とんかつチェーン店が「朝とんかつ」を提供する時代だ。いずれも価格はワンコイン以下が基本。喫茶店のライバルは多いが、ゆっくり過ごせるという意味では、他をリードする。

「総じて自宅で朝食をとらなくなった」ともいわれる時代。うまくリピート客を取り込めば、近い将来「喫茶店でモーニング」が首都圏で根づくかもしれない。

名古屋「開業物語」

組織で働く人が「いつかは自分の店を……」と夢を抱くのは、昔も今も変わらない。石油ショック後の「脱サラマスター」から、現在の「バリスタ」まで続く歴史もそれを証明する。国内の喫茶店数は半減しても、入れ替わりの激しい業態なので、若い世代の新規参入は非常に多い。二〇代や三〇代で名古屋地区に店を開き、人気カフェに育てたケースを紹介しよう。

「珈琲ぶりこ」という古民家カフェが、中区大須の東仁王門通りにある。一日の来店客数は平日一二〇～一三〇人。休日にはその倍の人数が訪れる。

ブレンドコーヒーは四〇〇円（＋税。以下同）だが、ゆずみつジンジャーティー（五八〇円）、紫芋のモンブランカフェラテ（六五〇円）、スイーツは豆乳黒ごまプリン（四〇〇円）、フードは沖縄紅豚のせいろ蒸し（九〇〇円）といったように、さまざまなメニューでヘルシーさを打ち出している。

もともと築七〇年近い木造二階建ての町屋は、呉服店を営んでいた女性の自宅兼店舗だった。階段を上がった先に置かれた桐ダンスは、ご本人の私物だったという。メニューとともに、こうした和の雰囲気も手伝ってか、お客には女性が多い。一階にも二階にも座席はあるが、人気は商店街が見下ろせる二階窓側の席である。

「周囲の声」を素直に聞いて人気店に

店の経営者も女性だ。古川真琴氏（現姓田中。一九七一［昭和四六］年生まれ）は現在の愛知県愛西市で生まれ育ち、名古屋のインテリア専門学校を卒業して地元企業に就職。建築設計事務所に転職後に東京に異動となり、そこのメンバーと建築士事務所を設立してインテリアコーディネーターをしていた。この会社「ブリコルール一級建築士事務所」が名古屋の拠点を探す際に、古民家が目にとまり、名古屋事務所としてオープン。建築士事務所には広く、商店街にも面していて家賃も高いので、「何か商売でも……」と思って始めたのが、カフェだった。つまり、どうしても開業したかったわけではない。当時の古川さんは、設計事務所スタッフと店の管理を兼任していた。

二〇〇五年に開業した当初はテイクアウト中心の店だった。現在では約四〇種類あるドリンクメニューも一〇種類程度。こうした思いつきでのオープンや飲食店の経験ゼロがたたり、一時的な開業人気が終わると、毎日お客が少ない低迷状態が続く。当時を振り返り「預金通帳の残高がどんどん減っていき、あせりました」と苦笑いする古川さん。親会社と共同出資した資金をあっという間に使い果たし、個人資金でしのいだという。やがてカフェ専業となるが、三年間は自ら無給で働いた。

店が軌道に乗り始めたのは、さまざまな創意工夫をしてからだ。カフェ好きを自称するスタッフと一緒に「自分ならこんなメニューを頼みたい」と考え、お客さんの「ランチャスイーツをやってほしい」という声を反映したことで、徐々に来店客が増えていく。

その後に結婚する田中道行氏との出会いも転機となった。知人の紹介で、フレンチの飲食店勤務経験をもつアルバイトとして入社した田中さんは、持ち前のバイタリティを発揮。当時、隣の店が行列店となっていたが、「ウチも絶対に行列店となる」とメニュー開発に挑み、現在の人気メニュー、せいろ蒸しなどの「スチームフード」を開発した。二〇〇八年には近くに二店目を開業。道行シェフはそちらで腕を振るう。

大須は、江戸時代に大須観音や万松寺《ばんしょうじ》（織田信長の父・信秀が織田家の菩提寺として開基）の門前町として発展した。前述した宗春の時代に娯楽で栄えた町の一つだ。

それが戦後の昭和四〇年代は高度成長の繁栄に取り残され、閑古鳥が鳴くような商店街だった。その後の街おこしが成功して、現在は家電やIT、サブカルチャーの街としても有名だ。東京・新宿や南青山に店舗をもつ、リユース小売業大手「コメ兵《ひょう》」の本社もここにある。大須商店街には平日でも三万〜四万人が訪れ、大きなイベント開催時は二〇万〜三〇万人にもなる。東京でいえば秋葉原と浅草を足したような街で、若者も訪れる商店街となった。

若い女性に人気の「猿カフェ」

従来型の喫茶店が元気な名古屋圏にも、新しい波が押し寄せる。その代表が「猿カフェ」だ。愛知県を中心に一八店展開（二〇一四年八月末現在）しており、若い女性の人気も高い。

この店の特徴は画一化した店づくりをしないこと。たとえば「猿カフェ名古屋ルーセントタワー店」（名古屋市西区）はかわいらしさとゆったり感、「同テレビ塔店」（同中区）は南フランスのアトリエをイメージした店内、というように店によってイメージを変える。名古屋中心部の店では深夜まで営業しており、夜はアルコールも提供するカフェバーだ。

実は名前の由来は、社長の猿渡弘太氏（一九七三［昭和四八］年生まれ）の名字から。兵庫県出身の猿渡さんは地元の甲南大学に進むが、学生時代からホテルのレストランや居酒屋チェーンでアルバイトをするなど、飲食業が好きだった。しかし卒業後は大手証券会社に入社して東京勤務となり、入社二年目に名古屋へ転勤となった。

大学まで生まれ育った関西で過ごし、首都圏、名古屋圏と三大都市圏で生活した結果、名古屋の飲食文化に興味を持ったという。「東京ではカッコいい店、とんがった店と出合ったが、名古屋は泥くささとカッコよさを両立させた店が多く、東西の文化がうまく融合していると感じました」と振り返る。証券会社時代に、建築や店舗設計で知られる神谷利徳氏と出会い、飲食店開業の夢がふくらみ、会社を退職。二八歳で、居酒屋を名古屋市内に開業する。その後にカフェに転じた。

コースメニューも「女子会」を意識

カフェに変えたのは、柔軟な店にしたかったから。居酒屋時代に「この食材はこうした料理以外は使えない」と固執するようなベテラン料理人の対応に手を焼いた。そこで若い人を採用して、気軽にアイデアを出し合える形式に変えたのだという。

そうした経歴も反映し、随所に居酒屋仕込みのノウハウが生かされている。カフェでは珍しい、食事とアルコールがセットになったコースメニューも人気。コース内容は、季節や店によって異なるが、たとえば三〇〇〇円では料理七品で九〇分飲み放題つき。四〇〇〇円では料理八品で一二〇分飲み放題だったりする。たいていパスタやピザが入り、最後に必ずスイーツがつく。飲めない人には一ドリンクつきコースもある。

コースメニューや飲み放題は、居酒屋ではおなじみのやり方だが、これが「夜に売り上げが伸びない」カフェの弱点を補い、客単価の高い店へと成長した。

「夜は落ち着いた雰囲気」と耳にしたので、最初の取材前には、友人との会食後に「猿カフェ錦店」を利用してみた。隣に三人連れの女性会社員（全員二〇代で入社が同期）がいたので店の感想を聞くと、「飲食しながら長時間懇談しやすい」「ソファの座り心地が好き」「時間帯で照明も暗くなり、雰囲気も変わる」と語っていた。「女子会コース」を頼み、それぞれの彼氏の話で盛り上がっていたという。こうした利用も目立つようだ。店では、誕生日や各種のサプライズ向けに、スイーツにメッセージを入れるサービスも行う。

店内について猿渡さんは、「調度品はあえて統一感をとらない」という。コンセプトは「ちょっと非日常」で、ドラマに出てくるような部屋は、スタイリッシュだけど生活感が乏しいので取り入れない。でも自宅のリビングよりは贅沢な空間にしているとか。

ランチにも力を入れる。夏は「日替わり冷やし中華」を提供したこともあり、ロコモコ丼やタコライスなどが八〇〇円前後で食べられる。ただし多くの店で「モーニング」はやらない。深夜まで営業する店が多く、早朝営業しないこともあるが、トーストやゆで卵をオマケするのではなく、コーヒーには「一本数十円のシュガースティック」をつけて出す。使わずに持ち帰る客も目立つとか。

名古屋地区以外では静岡市に進出したのに続き、二〇一三年一二月には東京・新宿にも初出店した。若者が多数利用することに目をつけた携帯電話会社や飲料メーカーからのコラボレーションの打診も多いが、「カフェでくつろぐお客さまを第一に考えたいので、企業色が前面に出る企画はお断りしています」と語る猿渡さん。あくまでも、自分が学生時代や若手社会人時代に楽しんだ時のような「お客感覚の目線を大切にしたい」という。

全国約七万五〇〇〇店のうち、九〇〇〇店弱がひしめく愛知県では、新たなカフェも次々にオープンしている。都心型のカフェもあれば、郊外型のバール、一軒家カフェなど多種多彩。従来から強かった昭和型の喫茶店に加えて、平成型のカフェ人気が定着するかどうか注目していきたい。

第四章　カフェ好きが集まる聖地

「スターバックスの一人勝ち」「コメダの逆襲」といわれる現在でも、全国各地には地元民や観光客に愛されるカフェがある。この章では、各地の人気店をいくつか紹介しよう。大手チェーン店ではなく、筆者が足を運び取材した個人店の中から、専門家の意見も参考に選んでみた。開業も多いが閉店も多い業界なので、現在の人気が高くても歴史が浅い店は除き、長年にわたって親しまれる店に絞った。全国津々浦々の店を紹介したものではないことをお断りしておく。

改めて言うまでもないが、「店」を構成するのは、外観や内装、飲食物の味と価格のバランス、店主の人間性やキャラクター、スタッフの接客マナー、客の懇談マナー、などである。初めての客は「今日の自分にピンと来れば」店に入り、居心地に満足すれば、「また来よう」と思う。
店の好みはさまざまなので、読者によっては「なぜ、この店が入っていないのか」と思う人もいるだろう。そこは全員が納得する店はないと割り切りたい。

一杯のコーヒーに「店主の探求心」が込もっている「バルミュゼット」

「ラカーサ・デル・カフェ・バルミュゼット」（本店・宮城県仙台市／一九九六年開業）は、仙台市の住宅街にある一軒家カフェとして二〇年近い歴史を刻み、最新のコーヒー情報を発信する店だ。三三歳で開業した店主（一九六三［昭和三八］年生まれ）は、法政大学進学後にジャズミュージシャンとなり、伊勢丹の契約社員としてファッション業界にも足を踏み入れた経歴をもつ。現在の店は一九九六（平成八）年に開業し、二〇〇〇年に繁華街である青葉区本町に支店を出したが四年ほどで閉め、こちらに一本化した。「二つの店の行き来に追われ、コーヒーに割く時間が減ってしまったから」だとか。味を求めて、今でも「青葉区」時代の常連客も訪れる。
地下鉄・泉中央駅から徒歩三〇分以上かかる立地なので、お客の大半はクルマで来店する。この場所「泉パークタウン」は首都圏からのUターン組、海外赴任経験者も多く住み、カフェに対する目も舌も肥えていた。開業時も広告宣伝をせずに常連客がついたという。

外観は北欧風で、道路沿いに見える建物が期待感を高めてくれる。さほど広くない店内は大人の客がそれぞれの時間を過ごす趣きだ。店の名前「バルミュゼット」は、パリのバスチーユ界隈の「音楽とダンスを楽しむ空間」をそう呼んだことにちなみ、オーナーバリスタの川口千秋氏と明子氏夫婦が中心となって切り盛りする。

自家焙煎を手がける川口さんは、コーヒー豆の探求にも情熱的だ。開業当初から「エスプレッソ」（四三〇円）の味に定評があり、近年はシングルオリジンの豆で香りの強さ、コーヒーオイルが醸し出す味わいも追求する。「カプチーノ」「カフェラテ」（各五五〇円）も店主の思いが凝縮された味だ。そんなこだわりを、明子さんやスタッフがイラストつきのメニューで、親しみやすく伝える。

川口さんに「コーヒーの銘柄を選ぶ基準は？」と聞くと、こんな答えが返ってきた。

「味とともに驚きです。現在はコーヒーがより果実味あふれるものになっていることを、産地の動きとともに伝えたい。生産地での精製技術や流通の進化で、これまで国内に出回らなかった香りや風味を持つ銘柄とも出合えるようになりましたから」

新たな味を求めて、自分なりのテーマを掲げながら各国を回る旅も続ける。「グアテマラ」では地球温暖化に起因するサビ病被害の現状と品種改良の様子を見に足を運び、「パナマ」では大人気のゲイシャ種が、なぜこの国発信でブレイクしたのかを訪ね歩いた。「エルサルバドル」では、コーヒー豆の生産国から初のワールド バリスタ チャンピオンシップ優勝者を生んだ組織と交流を深め、意見交換を続けたという。二〇一四年も「イタリア」「スペイン」といった欧州消費国、そして新たな生産国として注目のアフリカ「ルワンダ」にも足を運ぶ予定とか。

シングルオリジンの味わい深さを追求

近年こだわるのが、「シングルオリジンの豆」だ。第一章でも紹介したが、シングルオリジンとは一種類のコーヒー豆を使うもので、豆の特徴を生かした抽出法で淹れれば、その豆本来の味が楽しめる。コーヒーにこだわる店のメニューで「スペシャルティコーヒー」の欄に「生産国・地区・農園・銘柄」が記してあり、「ブレンド」されていなければ、シングルオリジンのことだ。バルミュゼットでは、たとえば「グアテマラ アンティグア プエルタベルデ」といったような銘柄を店で提供するほか、ネット通販でも扱う。

川口さんは焙煎にそそぐ目も厳しい。

「豆の風味というよりは店の味になっていることが多いですね。使用する焙煎機の種類や排気煙突の形状といった焙煎環境から味つけされてしまう。日本のカフェは焙煎人の個性が強く出る傾向にあります。私はできるだけ、原料であるコーヒー生豆の主張に添って火を入れるようにしています」

コーヒー抽出機の選び方にも一家言を持つ。こちらもポイントは「コーヒー豆など原料のもつ風味、個性を生かせる機械が絶対条件です」。二〇〇七年には個人店としていち早く「Clover 1s」という米国製機械を導入した。独自の抽出システムで、香りを逃さないコーヒーを抽出するのが特徴だ。「ペーパードリップなどではむずかしかったコーヒーオイルの旨みを、過不足なくカップに落とせる画期的なマシンです。他のメーカーからも次世代機種が出ていますが、いまだにこの域を超えるものはありません」と信頼を置く。

エスプレッソの抽出機はイタリアのラ・マルゾッコ社の「ストラーダ」だ。こちらは「操作に自由度があり、コーヒー上級者の好みに合わせてマシンを設定できる。設定の余地が広いので、バリスタの創造力を生かせます」という。

店では一〇五〇円でコーヒーつきランチも楽しめる。スイーツで人気が高いのが、ティラミス（四〇〇円）だ。ベースの味は自慢のエスプレッソが支えており、マスカルポーネチーズは当初はイタリア産を使っていたが、鮮度を重視して現在は宮城・蔵王産のフレッシュ・マスカルポーネで滑らかな一体感のある味をつくり出す。

「三・一一」を機にコーヒーの位置づけが変わった

この店が地元を愛し、愛されていることの一端を示したのが、東日本大震災だった。二〇一一年三月一一日、一四時四六分。川口さんは店内で作業をしていた。

「経験したことのない衝撃で、コーヒーマシンも激しく揺れました。六〇〇キロある焙煎機も動き出し、コーヒー豆の入った麻袋のところでやっと止まったほどです」

揺れが収まって外に出ると、給湯システムが倒れ、水やお湯が噴水のように吹き出していた。水道も電気も使えなくなったが、幸い店舗の製氷機の氷が満杯で、溶けた氷で飲み水をまかなえたという。結局、地域一帯の電気は三日後、水道は二週間後に復旧した。店を診断してもらうと、約二〇日で復旧の見通しがつく。そこで再開に向けて動き出し、震災から三週間後の四月二日、カフェの営業再開を果たす。「こんな時期に開けてどうなのかしら……」（明子さん）と思ったが、開店と同時に店内は満員になったという。

そんな状況の中で川口さんは、さらに被害が甚大な沿岸地域の支援にも力を注ぐ。以前から親交があり、コーヒーハンターと呼ばれる川島良彰氏（「ミカフェート」オーナー）が主宰する支援活動グループに参加したのだ。川島さんをリーダーに「被災者にあたたかいコーヒーを飲んでもらおう」を掲げたところ、多くの人が賛同して集まった。中には被災して営業ができないカフェ関係者もいた。

まずは「コーヒーの出番」を考えたという。被災直後は食料が行き届かないので、そちらを優先し、三月三〇日から行動を開始した。ふだんの店での提供と被災者への提供は異なるので、「一定の味を維持しつつ、一杯でも多くの人に配ること」を優先した。洗わず電気も使わずにすむので、ペーパードリップで抽出し、紙コップで提供。使い終えたものはスタッフが持ち帰ったという。

たとえば四月一〇日には石巻市・青葉中学校、渡波《わたのは》小学校、一一日に女川町・総合体育館に行き、二日間で約一七〇〇杯のコーヒーを提供。後述するミカドコーヒーも参加してコーヒーやクッキーを持ち寄り、巡回しながら配布した。救助や復旧にあたる医療関係者や自衛隊員にも声をかけたが、最初は遠慮して飲まない。そこで裏口から持っていったという。一連の活動は提供場所を変えて続け、六月末まで行った。

活動中に聞いたのが、第一章で紹介した「ああ、やっとコーヒーが飲めるようになった」という、女川で被災した男性のひと言だった。親交のあった石巻の喫茶店マスターが津波で亡くなって以来、恐怖でコーヒーが飲めなくなった。それが支援のコーヒーに手を伸ばし、「悪い記憶を、それまでのいい記憶に変えていかないとね」と語ったという。

三・一一以前と以後では、コーヒーに対する川口さんの意識も変わった。

「それまで『自分の中にあった味の価値観』を優先してきましたが、震災体験を経て『生活の中でのコーヒーの位置づけ』に変わりました。それは当店でしか飲めない味を綿密につくり出すよりも、それぞれのお客さまに受け入れられる味をつくり出すことです」

震災前は二二時まで営業していた店も、金曜日以外は一九時か二〇時までに短縮した。「一一年秋にオーストラリアのメルボルンに行き、『カフェの時間帯というのがある』とも感じたのです」と語る。

現在は専門学校でも講座を持って生徒に教えており、店では「パブリックカッピング」（コーヒーの試飲会）と呼ぶミニイベントを開いて、親交のある世界各地の同業者から取り寄せたコーヒー豆を参加者に提供する。「生活の中でのコーヒーの位置づけ」と向き合う日々だ。

「カフェバルミュゼット」
□住所／宮城県仙台市泉区桂4－5－2
□TEL／022－371－7888
□座席数／21席（テラスの6席は喫煙席・店内15席は禁煙席）
□営業時間／11～20時（日・祝日は19時まで。金曜日のみ14～22時）
□定休日／木曜日
□URL／http://www.bal-musette.com/

コロンビアに直営農園を持つ個人店「サザコーヒー」

茨城県の県庁所在地・水戸市に隣接する、人口一五万人ほどの都市で頑張る店が、

「サザコーヒー」（本店・茨城県ひたちなか市／一九六九〔昭和四四〕年開業）だ。JR常磐線・勝田駅で下車すると、支店の「サザコーヒー勝田駅前店」が出迎えてくれる。ここは創業時の場所に近く、駅前再開発で新築されたビルの一角に戻ってきた。本店は歩いて一〇分ほどの場所にあり、平日の昼間でもお客が絶えない。

「サザ」という言葉は聞きなれないが、開業した当時の名前は「且座《さざ》喫茶」だった。創業者の鈴木誉志男氏（現・会長。一九四二〔昭和一七〕年生まれ）によると「且座喫茶」とは、「まさに座って茶を楽しまんとす」という意味で、中国の僧で臨済宗の開祖・臨済義《ぎ》玄《げん》の言葉だという。また、日本の表千家には「且座《さざ》」、裏千家では「且座《しゃざ》」という儀式があり、三人の客と主人である東《とう》、助手である半東《はんとう》の五人で茶会をする。お客は花を生けたり、掛け軸をかけたりしながら、炭を継ぎ香を焚《た》く。東は濃茶を点《た》て、半東は薄茶を点ててもてなしたそうだ。こうした風流で、カフェの原点ともいえる言葉を店名につけた。

一九八九（平成元）年に完成した本社社屋は、かまぼこ型が連なる外観で、敷地面積は四三〇坪あり焙煎工場も隣接。「SAZA　COFFEE」のロゴが控えめに主張している。「五〇歳になったら、店と焙煎工場を一つにまとめ、少しは世間に自慢できるものを造りたい」という夢を実現した。外観は抑えめで、中に行くほど主張が施された本店は、人当たりのソフトさと内に秘めた信念を併せ持つ、鈴木さんを象徴しているようだ。

元・興行プロデューサーの「しかけ」

店の歴史と本人の経歴を紹介すれば、本店の素顔が浮かび上がるかもしれない。前身は、鈴木さんの誕生年と同じ、一九四二（昭和一七）年に設立された映画館「勝田宝塚劇場」だった。太平洋戦争が始まった翌年に、東宝と日立製作所が設立し、戦後に日立の社員だった父・富治氏が代表取締役に就任した。

東洋大学を卒業した鈴木さんは株式会社東京楽天地に入り、映画の興行プロデューサーを数年務めたあと帰郷して、一九六九（昭和四四）年に劇場内に喫茶店を開業。その二年後、国鉄（現・JR）勝田駅前に地下一階、地上四階建てのビルを造り、二階にコーヒー専門店「且座喫茶」をつくった。

そんな経歴ゆえ、随所に喫茶＋文化を組み込む。入口横には「ギャラリーサザ」があるが、これは無名作家や若手作家の発表の場を兼ねたもの。大都市とは違い、発信地が限られる地方都市にとって貴重な存在だ。当初は奥にギャラリーを設けて、来店者に喫茶を楽しんでもらおうと考えたが、「そんな魂胆が見え見えの造りでは、すぐ見抜かれる。入口脇に独立した部屋として造ろう」と、鈴木さんが信頼する増山正己氏（印刷デザイナー）と、建物を設計した瀧口弘道氏（建築家）のアドバイスでそうしたという。現在でもプロ・アマを問わず、低料金で発表できる。鈴木さんが講師を務める企画展も毎月行う。

店内はうなぎの寝床のように細長く、エリアごとに分かれた〝部屋〟が主張している。パプアニューギニアの巨大な木製仮面やアフリカの仮面が置かれた部屋もあれば、パナマとコロンビアに住む少数民族・クーナ族の手芸「モラ」を飾った部屋もある。コーヒー生産国の文化も伝えたい思いからだ。どの部屋からも庭に出られるのも特徴。庭にはテラス席もあり、春から秋の心地よい天気の日には、ここが特等席となる。開業時に移植した樹齢一〇〇年を超えるクスノキも鎮座している。都心の店ではなかなか味わえない空間だ。

一九九八（平成一〇）年にＮＨＫの大河ドラマで「徳川慶喜」が放映されたのにヒントを得て「将軍珈琲」というコーヒー豆も開発・販売している。縁があって知り合った、慶喜の曾孫でコーヒー愛好家の徳川慶朝《よしとも》氏が、焙煎技術を習得して製造したものを販売し続け、好評だという。これもまた話題づくりをビジネスにしてきた過去の経験を生かしたものだ。

減農薬で栽培

もう一つの特徴は、コーヒー豆にこだわり、南米コロンビアに直営農園を持っていること。UCCやキーコーヒー、ドトールなど大手はともかく、地方の個人店では珍しい。

サザコーヒーがコロンビアのアンデス山脈の麓《ふもと》、ポパヤン地区で直営の「サザコーヒー農園」を始めたのは一九九七（平成九）年のことだ。一般にコーヒーの味は「豆の種類」「生産方法」「収穫」「焙煎」「淹れ方」で決まる。豆はティピカ種（左記注参照）とブルボン種をシェイドツリー（陰をつくる樹木）の近くで栽培し、収穫したら天日干しをす

（注）　コーヒーの三大原種として①アラビカ種、②ロブスタ種、③リベリカ種があり、風味豊かな上質のコーヒー豆として知られるティピカ種やブルボン種は①の派生種。②は①より病虫害に強いが風味が劣り、缶コーヒーやインスタントコーヒーに使われることが多い。③は現在では生産量も少なく、日本には輸入されていない。

るのが理想だ。その理想を満たすために、鈴木さんがこの場所を探した。二〇一四年は良質のコーヒー豆を多く収穫することができたが、土壌や品種にこだわり、効率性を求めずに減農薬で栽培するため病虫害に弱く、これまで三回全滅したという。

なかにはシェイドツリーがなくても高品質のコーヒー豆を生み出す、ハワイ「コナコーヒー」のような銘柄もあるが、これは当地の強風と雲がシェイドツリーの代わりを果たしてくれるというのが、鈴木さんの分析だ。

サザは自社農園以外にも「グアテマラのアンティグア」「エルサルバドルのゴルダ」「北スマトラのマンデリン」「コロンビアのグロリアス」など、世界各地からコーヒー豆を買い付けている。「手間ひまをかけて、おいしい味をつくる」をモットーに、きれいな水で洗い、味と香りにこだわってきた。開業当初はサイフォンで濃厚に抽出してコクのあるコーヒーをめざしていたが、いまはネルドリップで抽出し、苦みのなかに感じる甘みも重視している。「サザ・スペシャル・ブレンド」は四五〇円、最高級品として知られ、どの店でも高い「パナマ ゲイシャ」は一〇〇〇円だが、多くは五〇〇円前後に抑えている。

紅茶も「アッサム」「ダージリン」「ケニア」などのストレートティーがあり、「ブルーベリー・メルロー」「ジンジャー・レモングラス」などハーブティーも種類を揃え、女性客に人気だ。スイーツもおいしい。本日のケーキは五〇〇円から。定番のショートケーキ、レモンケーキやシフォンケーキ、限定のケーキなど種類は多いが売り切れるのも早い。

「地域活性化」と「最高品質」への意欲

サザではこだわりのコーヒーを、地元のイベントには惜しみなくふるまう。毎年二万人以上のランナーが参加する「勝田全国マラソン」から、ＰＴＡの会合まで無料で提供する。口の悪い常連客には「サザではなく、タダコーヒーだ」とからかわれる。

地元を愛する気持ちは強く、本店の造りも、随所に茨城色を打ち出す。化粧室の手洗い場には笠間市の陶芸家・小林東洋氏の作品である笠間焼の手水鉢《ちょうずばち》も設置した。

東日本大震災ではこの店も被災している。ひたちなか市は震度六を記録し、営業中の店は店内の食器が壊れ、隣接する工場のコーヒー焙煎機も損傷したが、幸い、来店客やスタッフの人的被害はなかった。被災後は電気が三日間、水道が三週間不通となり、店は休業。四月から営業を再開した。上下水道の復旧が予想以上に遅れたのを教訓として、再開活動が落ち着いた八月に店舗前の地中に井戸を掘って営業用水を確保したという。

そんな時期でも水戸の駅ビルに「水戸駅店」（五月二五日）を開業、次いで「大洗店」（七月一六日）も出店している。大洗にある店は津波の被害を受けた海岸に面したアウトレットモールの中にあり、大手カフェチェーン店が再開をあきらめて撤退したほどだったが、地元観光協会の要望を受けて出店した。徐々に客足も戻り、今では優良店に育った。

現在、鈴木さんはひたちなか商工会議所会頭でもある。旧勝田信用組合の理事長、合併後は茨城県信用組合の常務理事を務めた地元の名士だが、権威主義者とはほど遠いタイプ。日曜日や祝日にはカウンターでコーヒーを淹れて皿洗いもする「人のいいコーヒー屋のオヤジ」（妻で社長の鈴木美知子氏）。取材の際も「あら会長、こんにちは」と常連の女性客から気軽に声をかけられていた。長年にわたり通う年配客が多く、中には四〇年以上通い続ける人も。

息子の太郎氏（一九六九［昭和四四］年生まれ）は、主に買い付けを担当する。東京農業大学卒業後、グアテマラのアンティグアにあるスペイン語学校、コロンビアの国立コーヒー生産者連合会の味覚部門「アルマ・カフェ」で学んだ太郎さんは、スペイン語も堪能だ。

毎年、パナマの品評会で優勝した最高級銘柄「ゲイシャ ナチュラル」を、ネットオークションで欧米人相手に競り落とす。「これで五年連続です。二〇一三年は一ポンド三五〇ドルで買いました」と胸を張る鈴木さん。この「ゲイシャ ナチュラル97」(数字は現地品評会が、味を八項目から評価したもので一〇〇点満点)を二〇〇グラム四万八〇〇〇円で販売した。「原産国＝パナマ、ボケテ地区。品種＝ゲイシャ。農園＝エスメラルダ農園。標高＝1650m。精製方法＝ナチュラル。焙煎＝シティロースト。香り9・甘さ9・コク8・酸味8・強さ8」と細かく説明されている。ちなみに「ゲイシャ ナチュラル95」の販売価格は二〇〇グラム一万五〇〇〇円だった(価格は当時)。

一三年の一ポンド＝三五〇ドルは、最新のコーヒー豆(アラビカ種)の国際相場一ポンド＝一ドル八八セント(一四年八月二〇日現在)の約一八六倍にあたる。魅力的な豆と出合うと〝コーヒー屋のオヤジ〟の血がたぎるようだ。

「サザコーヒー」
□本店　住所／茨城県ひたちなか市共栄町8－18
□TEL／029－274－1151
□座席数／60席（喫煙席24席・禁煙席36席）
□営業時間／10～20時
□定休日／なし
□URL／http://www.saza.co.jp

浅草の奥深さを体現する店「アンヂェラス」

一八七六（明治九）年に下岡蓮杖が「油絵茶屋」を開いたのは浅草奥山だったという（第一章参照）。奥山とは浅草寺境内の奥まったところの意味。当時の資料が発見されれば、日本のカフェの歴史が塗り替えられる。浅草には、江戸末期や明治時代から続く老舗飲食店も多く、昔ながらの味を楽しみにお客が訪れる。初めて来た客もファンとなり再訪することで店の歴史は続く。

関東大震災と太平洋戦争で二度焼けたこの地に、終戦翌年の一九四六（昭和二一）年から店を構えるのが、浅草・オレンジ通りにある「アンヂェラス」（東京都台東区）だ。アンヂェラスとは、平和を祈る聖なる鐘の音、響きという意味で、創業者（故・澤田要蔵氏）の夫人がクリスチャンだったことから名づけられた。室内のドーナツ型の蛍光灯は平和の輪の意味で、壁面のデザインは鳩をイメージしたものだという。でも、カフェではなく「純喫茶」がぴったりくる店。

「芸能人や作家など、多くの文化人とつきあいのあった初代が、落ち着いて話ができる場所を持ちたくて、最初は喫茶室として始めました」。こう話すのは、常務の澤田光義氏（一九四三［昭和一八］年生まれ）だ。澤田さんは初代の甥にあたり、「その昔、親父と先代は二世帯住宅で住んでいた」。子どもの頃から店に行っては多くの文化人にかわいがられたという。

開業時は大変な物資不足で、世間では砂糖ではなくサッカリン（甘味料）を使っていた時代。「店では、コーヒーに角砂糖をつけて出していました。それが珍しがられて、新聞社が何度も取材に訪れたほどです」と続ける。昭和時代の喫茶店を象徴する「コーヒーに角砂糖」も、アンヂェラスの空間で聞くと、先人たちの息吹がよみがえるようだ。
エピソードも豊富にある。たとえば、豊かな声量のテノールで知られ、浅草オペラの花形とうたわれた田谷《たや》力三《りきぞう》（一八九九〔明治三二〕－一九八八〔昭和六三〕年）は、近くの浅草公会堂に出演する際、楽屋代わりに店を使い、ここでメイクをしてから公会堂に行ったという。

「談笑」が似合う

入口の看板に示す「洋菓子・喫茶」が、この店らしさ。看板に偽りなく、店内に入ると、大きな洋菓子ケースが迎えてくれる。ケーキは二〇種類以上あるが、一番人気は店名と同じ「アンヂェラス」（三三〇円）という、ブッシュ・ド・ノエルを小さくしたようなロールケーキだ。ホワイトとチョコの二種類があり、愛好家の言葉を借りれば「バタークリームがこれほどおいしいケーキは、今では珍しい」――。ある年代以上のお客同士では「そう、昔はバタークリームだったよね」と話がはずむ。澤田さんは「エッセンスでも何でも本物を使っていますから。いい材料でも手抜きしたらまずくなる」と淡々と話す。

二〇代の頃から通う筆者の好みは、「バナナボート」と「苺ボート」（各四二〇円）。商品が残っていれば、これを手土産に買う。この名前も同店が発祥と聞く。バナナもおいしいが、季節限定の大粒のイチゴの酸味とクリームの甘さは絶妙で、持参した相手にも好評だ。

店内で喫茶をして感じるのが、いつ訪れても、そこかしこでお客が楽しそうに談笑していること。平成時代のカフェには、クールな空間が持ち味で、お客も淡々と過ごすような店が目立つが、ここはあくまでも懇談や笑顔がウリだ。長年通う常連も多いが、二〇代や三〇代もいる。世代を問わない人たちの、それぞれの語らいを横目で見るのも楽しい。

三階建ての店内では、食事メニューも出した時代があった。「ハンバーグ定食が一日に二〇〇食、カレーライスが一八〇食、スパゲッティは一斗缶に入れても全部売り切れるほど。でも調理が大変でやめてしまった」（澤田さん）。当時は三階に調理場があったという。

コーヒー豆は、昔から文京区・白山の木村コーヒー店から仕入れる。木村コーヒー店は一九二一（大正一〇）年に、横浜市で木村時太郎が実兄の柴田文治と開業した店（現在のキーコーヒーの前身）で、戦後に木村は退職して個人店を開いた。ここで仕入れたコーヒー豆は、全部手作業で渋皮を取ってから淹れる。籾《もみ》がらをすくように渋皮を取る手法も澤田さんが開発した。ブレンドコーヒーは平日約二五〇杯、土日にはその倍が出る。

川端康成や池波正太郎に愛された

多くの文化人に愛された店ゆえ、初代が没した後に残された名簿には、著名人の連絡先がずらりと並ぶ。女優は沢村貞子や十朱幸代、作家では川端康成、永井荷風、洋画家の東郷青児、漫画家の手塚治虫、ちばてつやらが名を連ね、手塚は浅草寺にお参りした後は必ず寄り、チョコの「アンヂェラス」や洋酒の入った「サバリン」を好んだ。ちなみに地元の人は、浅草寺と呼ばずに、本尊の観音菩薩にちなんで「観音さま」と呼ぶ。『鬼平犯科帳』で知られる池波正太郎（一九二三〔大正一二〕－九〇〔平成二〕年）は、浅草寺の子院の一つ、待乳山聖天《まつちやましょうでん》（本龍院）近くで生まれ育った地元民として思い入れが深かった。浅草を、アンヂェラスを、池波は著書『東京のうまいもの』（平凡社刊）の中でこう記している。

〈浅草というと、いまの人びとには、観音さまとむすびついた、何か古めかしい盛り場だという印象がないでもないようだが、むかしの浅草は外国映画の封切館や上映館がたちならび、松竹歌劇の本拠（いまもそうだ）であり、しゃれたカフェーや食べもの屋がいくらもあって、東京中の人びとがあつまって来た。

東宝が日比谷に興行街をつくりあげるまでは、先ず、人びとは外国の香りをスクリーンの中に嗅《か》ぎ取るため、浅草へ通いつめたのである。

そのころの浅草のモダンな空気というものは一種特別なものだったといえよう。

そのころの［名残り］が、まだ浅草にはただよっているのだ。

（中略）

帰り際には［アンヂェラス］へ寄って、ダッチ・コーヒー。これはもう、習慣のようなものになってしまった。

ここの老主人は、むかし、私の叔父の友人で、私の家へ遊びに来たとき、

「正ちゃん。はいよ」

と、五十銭ほど小遣いをもらったことがあるが、むろん、眉毛が白くなった私が店へ入って行っても気づくはずはない。

そのころの主人は、モスリン屋の若旦那だったのだ〉

喜劇人との付き合いは「モスリン屋」時代から

モスリンとは薄手の織物のこと。下町では時折、かけはぎ屋から食堂に転じた例などを聞くが、アンヂェラスの初代は「澤田モスリン店」の経営者だった。戦前に一世を風靡したコメディグループで、益田喜頓《ますだきいとん》（一九〇九〔明治四二〕－九三〔平成五〕年）や坊屋三郎（一九一〇〔明治四三〕－二〇〇二〔平成一四〕年）がメンバーだった「あきれたぼういず」がハワイ公演をした際に、この店でモスリンを作ったという。米国の喜劇王、バスター・キートンをもじった芸名で知られた益田は、昭和を代表するコメディアンで、坊屋は一九七四（昭和四九）年に松下電器（現・パナソニック）のテレビ「クイントリックスパナカラー」のCMに出演。外国人に発音を教える、とぼけたやりとりが大評判となったので、ご記憶の方もいると思う。

名喜劇人との縁も深く、「エノケン・ロッパ」と並び称された榎本健一（一九〇四〔明治三七〕－七〇〔昭和四五〕年）と古川ロッパ（緑波：一九〇三〔明治三六〕－六一〔昭和三六〕年）もこの店を愛した。とくに祖父が東京帝国大学元総長、父は男爵という裕福な家庭に生まれた古川は、菊池寛に招かれて文藝春秋に入社した後、芸能界にも進出。芸能ではロッパ、文筆では緑波と使い分けた。アンヂェラスは「味は此の表情で判って下さい古川緑波」という、自筆・似顔絵入りのマッチも作っている。

多彩な交遊録は今でも店に息づくが、名物のアイスコーヒーについて語っておきたい。店では「ダッチコーヒー」（六二〇円）と呼び、五時間かけて二二杯分を抽出する手間をかけた品。一九八三年に写真家の田沼武能氏（浅草出身で文化功労者）が撮影した、くわえタバコでダッチコーヒーのストローをかき回す池波の姿は、ファンの間で有名だ。

常連客が好むのが「梅ダッチコーヒー」（七二〇円）。この開発も澤田さんで、ダッチコーヒーに梅酒で漬かった大きな紀州南高梅が入り、別に梅酒が添えられている。もともと裏メニューだったが、池波に提供したところ「メニューに載せてみたら」といわれ、大変な人気となった。特に夏の季節にいただくと、サッパリ感が何ともいえない。

「アンヂェラス」
□住所／東京都台東区浅草1－17－6
□TEL／03－3841－9761
□座席数／49席（喫煙席10席・禁煙席39席）
□営業時間／11～19時
□定休日／月曜日（祝日の場合は営業）

焦土から生まれた「ミカドコーヒー」

「ミカドコーヒー」（本店・東京都中央区・一九四八〔昭和二三〕年開業／軽井沢旧道店・長野県軽井沢町・一九五二〔昭和二七〕年開業）は、カフェ愛好家の間では「日本橋と軽井沢のミカド」として知られ、本店は東京日本橋・三越百貨店の近くにある。長野県の軽井沢旧道店は、地域の名所的存在。

ロッジ風の建物は、軽井沢旧道を通れば目を引く外観で、とくに夏場は、旧道を通るクルマと避暑客を見ながら喫茶が楽しめる二階のテラスが特等席だ。

第一章で紹介したように、この店を創業したのは金坂景助氏（一九一〇〔明治四三〕－一九九九〔平成一一〕年）で、戦後まもない一九四八年に日本橋室町（現・本店）でコーヒーと喫茶材料の小売業を始めた。焦土と化した東京で、コーヒーをドラム缶で焙煎したのがこの店の原点。店は戦後の復興とともに繁盛して、五二年に軽井沢へ進出した。最初の店は人通りが少ない場所でうまくいかなかったが、別荘族の散歩で人出が多い現在地に移転して、大変な人気となる。

一日に三〇〇〇本も出た「モカソフト」

ミカドコーヒーを有名にしたのは、皇室が軽井沢に滞在した際に納品し続けたコーヒー豆、次いで「コーヒーゼリー」（一九六三〔昭和三八〕年発売）だが、現在はソフトクリームの「モカソフト」が代名詞だ。発売は一九六九（昭和四四）年。軽井沢を訪れる大人はコーヒーやアイスコーヒーを楽しめるが、子どもはジュースぐらいしかない。そこで子どもにもコーヒーの味を楽しんでもらおうと、金坂さんが「食べるコーヒー」としてモカソフトを開発したのだ。

「ミカドコーヒー」（運営会社はミカド珈琲商会）の名前は、「世界に通用するおいしいコーヒーを日本人の手による日本人の味づくりでめざす」という意味を込めたもので、皇室に納入したこととは関係ない。「おいしいコーヒー」はミカドの軸足だ。

「モカソフトもコーヒーゼリーも工業製品ではなく、コーヒー屋のつくる手づくりの味です」と話す現社長の鳴島佳津子氏（金坂氏の一人娘）の言葉にも、心意気が感じられる。

モカソフトのつくり方は、発売当時から変わらない。深煎りしたコーヒー豆をドリップし、淹れたコーヒーにミルクを混ぜ合わせて、少し冷ましてからアイスクリームメーカーに入れるという。これがコーヒーの香りと風味、そして舌触りのよさを感じるソフトクリームになるわけだ。つくり置きもほとんどしない。

長年にわたる名物なので、食べた経験がある人もいるだろう。甘すぎずコーヒーが主張しすぎず、でも風味を感じる味。コーヒーと一緒に頼めば、より楽しめる。

「立ち飲みのセルフカフェ」を開発した会社ゆえ、日本橋では一階の立ち飲みでモカソフトを食べると三三〇円、二階や三階の座席で食べる場合（四八〇円）は価格が違う。軽井沢もテイクアウトと店内の座席は異なる。カップとコーンが選べ、カップには自家製シロップに漬けこんだプラムが一個つく。

店の混み具合は日本橋と軽井沢ではまったく違い、日本橋のピークは昼の一時間。コーヒーを飲みに一〇～一五分立ち寄った客に、手際よく提供する。筆者もこの時間帯に一階を利用したことがあるが、利用者側も〝止まり木〟感覚だ。午後からは日本橋に買物にきた女性客たちが二階や三階でゆったり過ごす。逆に、季節によって繁閑が違う軽井沢は、四月から一〇月は手際よく、夏場はより迅速に、一一月から三月はきめ細やかに対応する。

人口約二万人の軽井沢町には、年間約七七〇〇万人もの観光客が訪れる。特に夏場（六～八月）は過半数の四〇〇〇万人が避暑を楽しむ。ファッション誌『an・an』（マガジンハウス）や『non-no』（集英社）が大人気となり、それを片手に観光を楽しむ女性客が「アンノン族」と呼ばれた一九七〇年代はじめ、若い女性の間でミカドのモカソフトをなめながら旧軽銀座を歩くことが流行した。まだ食べ歩きが珍しかった時代。モカソフトを片手に歩くのも軽井沢名物だったのだ。

今でもモカソフト片手にぶらつくのは軽井沢の定番。かつては夏場の行列が道路沿いに続き、隣近所の店から「この行列を何とかしてくれ」と苦情が出たほど。ミカドでは思案した末に、夏は一階の座席を取っ払って行列を収容した。冬が近づくと座席を戻す。

社内では、モカソフトを作る人を「巻き手」と呼ぶ。とくに盛夏の軽井沢では限られたスタッフしかできない職人芸だ。軽井沢駅前に支店ができる前の最盛期は一日に三〇〇〇本も売れたほどで、今でも夏は「モカソフト一〇個ください」といったまとめ買いが珍しくない。長い行列に次々に対応するためにもスピードと出来ばえの両方が求められる。高校生の頃から店でアルバイトをしていた鳴島さんでさえ「私は全然ダメ」と苦笑いする。

ジョン・レノンや柴田錬三郎も利用した

一七六四（明和元）年に佐藤万右衛門が開業した旅館「亀屋」を嚆矢《こうし》とする、軽井沢きっての老舗・万平《まんぺい》ホテルは、長年にわたりミカドからコーヒー豆を仕入れている。このホテルを定宿として、ホテルの「カフェテラス」を利用する一方、ミカドコーヒーも利用していたのがジョン・レノン（一九四〇－八〇年）とオノ・ヨーコ夫妻だ。

実はカフェを愛した著名人を調べると、二人がしばしば登場する。銀座の「カフェー・パウリスタ」には、近くの帝国ホテルから三日続けて通っており、軽井沢のミカドコーヒーではコーヒー豆やモカソフトを買った。一九七六（昭和五一）〜七九（昭和五四）年、狂信的ファンに射殺される前年まで、ジョンはミカドを何度も訪れた。最初に訪れた時は、まだ幼かったショーンを背負ってヨーコ夫人と自転車でやってきた。「フレンチローストのコーヒー豆」を好んだという。

「眠狂四郎」シリーズで名高い作家・柴田錬三郎（一九一七［大正六］－七八［昭和五三］年）は、旧道の奥にある別荘から夜にやってくることが多かった。一人で来店しては奥の席に座るのが常だったと聞く。柴錬に限らず別荘族にとっては、夕食後にミカドでコーヒーを飲むのが定番で、夏場も、昼の喧噪とは違うにぎわいを示す。

日本橋や軽井沢は今でも雑誌やテレビの取材が多く、レポーター役の人気タレントや俳優も店に来て飲食を楽しむ。その割に客層が荒れないのも伝統ゆえか。

ミカドのコーヒーへのこだわりの一つが「酸味」だ。苦みや渋み、甘みのバランスも重視するが、酸味によってコーヒー本来の味が引き立つと考えている。コーヒー豆はブラジル、コロンビアなど各国の産地から買いつける。たとえば「ブラジル・アリアンサ」（レインフォレスト・アライアンス認証コーヒー）は二〇〇グラムで九五二円（税別）だ。春夏秋冬によって豆が変わる「軽井沢ミカド珈琲物語」という商品もある。こちらはブラジル、コロンビア、インドネシア、ケニアなどの豆が季節によって変わるもの。「旧軽通り」というブルーマウンテンをミックスした銘柄もあり、軽井沢の店のブレンドコーヒー（四八〇円）はこれを提供しているという。

毎日自社工場で焙煎するが、ユニークなのは、生豆を貯蔵している倉庫には常にクラシック音楽が流れていること。リラックスした状態で焙煎を待つ豆たち。この場合は胎教ではなく何というのだろうか。

隠れた人気がリキッド商品。「ＭＡＪＯリキッドコーヒー」、「ＭＡＪＯミスティ」（アイス・ティ）は一本五〇〇円（一〇〇〇㎖／税別）だが、スッキリした味わいが楽しめる。二〇一四年三月にリニューアルした商品は、原料の水の取水地を南アルプスに変更した。理由は人気の高まりに対応して安定供給するため。水が変わっても、味が変わらないよう苦労したという。

一九九八（平成一〇）年の長野五輪開催に合わせて開業した長野新幹線で、首都圏との距離も近づいた軽井沢には駅前にアウトレットモール（軽井沢・プリンスショッピングプラザ）がある。新幹線開通以来、軽井沢の人の流れは「駅前派」と「旧軽派」に分かれた。アウトレットモールの飲食店街にも出店する同社にとって、若者とミカドコーヒーとの出合いの場になっている。そんなミカドが、創業以来こだわるのが「日本人に合ったコーヒー」だ。

「コーヒーは外国から入ってきたものとはいえ、日本で焙煎して日本人向けにアレンジしています。最近はブラックで飲むことが多いのですが、できれば少しブラックで飲んだら、次にお砂糖を入れて飲み、その次にミルクを入れて飲んでいただきたい。それぞれの味わいが楽しめると思います」

いつも明るくフレンドリーな鳴島さんも、この時ばかりは真剣な表情になった。

「ミカドコーヒー」

□日本橋本店　住所／東京都中央区日本橋室町1－6－7

□TEL／03－3241－0530

□座席数／54席（全席禁煙）

□営業時間／平日7～19時、土曜日8～18時、日・祝日10～18時

□定休日／なし（年末年始のみ）

□軽井沢旧道店　住所／長野県北佐久郡軽井沢町大字軽井沢786－2
□TEL／0267－42－2453
□座席数／夏期40席（テラス席含む）、冬期32席（ともに全席禁煙）
□営業時間／10～17時（季節により変動あり）
□定休日／夏期は無休、その他の季節は不定休
□URL／http://mikado-coffee.com/

フランス菓子で進化した「カフェタナカ」

喫茶店の雰囲気を残しつつ、さまざまなスイーツが並ぶ「カフェタナカ」（本店・名古屋市北区／一九六三〔昭和三八〕年開業）の店内は、カフェでもあり、洋菓子店でもある。名古屋の下町・上飯田《かみいいだ》の本店は半世紀以上の歴史を刻む。クルマ社会の名古屋らしく、専用駐車場にクルマをとめて、テイクアウトでスイーツを買うお客も多い。

外観は欧州の店のようだ。アーチ型の看板をくぐると、フランスから輸入した石畳、イタリアから輸入したレンガが出迎える。建物建築は宮大工に頼んだほど。ここまでこ

だわった店が半世紀の時を経て、周囲になじんでいる。

もともとは滋賀県出身の田中寿夫《としお》氏が創業した店で、自家焙煎コーヒーを売り物にしていた。近くに住む人たちが通う「ご近所のコーヒー店」として人気を高め、一時は七店舗まで直営店を広げた。名古屋圏では当たり前のモーニングサービスは、開店以来一切やらず、当時は出勤前のお客に朝七時から営業するのが〝モーニングサービス〟だった。約六〇席の店に一日六〇〇～七〇〇人が来店したという。

そんな店が大きく変わったのは、長女である千尋氏が一九九五（平成七）年にフランスでの洋菓子職人としての修業を終えて帰国し、パティシエとして入社してからだ。といっても、名古屋のお嬢様学校として知られる金城学院で中学・高校・大学と学んだ千尋さんは、妹の千寿さん（現取締役）とともに、学生時代からずっと店を手伝ってきた。そんな「喫茶店で育った娘たち」が店の客層を広げた。実務面では水野貴之氏（専務取締役。千尋さんの夫）が支えている。

現在は本店以外に、東海地方の表玄関・ＪＲ名古屋駅の駅ビル「ジェイアールタカシマヤ名古屋店」（出店は二〇〇三年）、三重県の長島温泉にあるアウトレットモール「三井アウトレットパーク ジャズドリーム長島」（同〇七年）、老舗百貨店「松坂屋名古屋店」

(同一三年)の各施設に店を出す。人気施設への相次ぐ出店は大手チェーンならともかく、地元の個人店としては珍しい。店の実力が認められた証拠といえよう。

シェフのこだわり

やはりこの店ではフランス菓子を楽しみたい。食事をとった後でデザートとして食べる客もいれば、帰りにテイクアウトする客もいる。良い材料を使い、ていねいにつくられた味だ。スイーツは好みによるが、人気№1は「モンブラン」(四五〇円+税)。オーブナー産(フランス最大の栗の産地)の最高級マロンクリームをベースに生クリームやバニラビーンズ、メレンゲなどを千尋さんのこだわりで配合してつくる。運ばれてきたモンブランの上に載った栗は、自然光で見ると褐色の宝石のようだ。

最近は「ヘルシー」をテーマにしたスイーツも多い。たとえば「大豆クリームと苺のショートケーキ」(四二〇円+税)は通常の生クリームではなく、大豆クリームと低脂肪生クリームを使ったもの。よりカロリーが低く、さっぱりした味をめざした。スポンジ生地にも米粉を用いるなどこだわっている。商品開発のキッカケは、いくつかの体験から。

店頭で接客した千尋さんが、年配客の「ケーキは大好きだけど、身体のことを考えないと」や「たくさん食べられなくなったのよ」という声を耳にする。同じころ、毎年クリスマスケーキを注文してくれて、交友のある地元放送局のベテランアナウンサーから「もし時間があれば、介護施設に入所している母が食べられるケーキをつくってほしい」という依頼も受けた。数年前から別の病院の施設に入居するカフェにスイーツを納品していたこともあり、「高齢者も楽しめる洋菓子」はテーマとして考えていた。

「身体機能が衰えても食べることは大きな楽しみ。でもお母さまのお話を聞くと、イチゴのプチプチものどに痛い、というのです」(千尋さん)。そこでマロンムースをふわふわの生地にサンドし、純正生クリームで包んだケーキにしたという。

その後に完成した大豆クリームのショートケーキは、高齢者向けというより「身体にやさしい」をめざした商品。特に女性の支持が高く、発売後すぐに人気商品となった。

季節によって変わる限定スイーツも多い。秋から冬にかけてはりんごの焼き菓子が店頭に並ぶ。「パティシエとしては、お客さまの求めるものをつくるのが基本ですが、個人的に好きな素材はありります。私の場合はりんごもその一つ」と話す千尋さん。

国内のりんごの二大産地である青森産と長野産を使い、それぞれの素材を生かした焼き菓子にする。りんごの種類は多いが、使うのは「紅玉」だ。酸味・香り・果汁のバランスがよく、フランスのりんご菓子に使われる品種に近いからだという。

たとえば「タルト・タタン」（一台二〇〇〇円＋税）は、青森県黒石市の津川農園（青森りんごランド。平成一六年度「農林水産大臣賞」受賞）のもの。減農薬、りんごの枝を肥料に加える循環型農業をする農園でつくる紅玉は、より香りと酸味が強い。筆者も取材時にこの農園を訪れて、味を実感した。フランス伝統菓子であるタルト・タタン一台に、津川農園の紅玉が四個使われている。二〇一三年秋の新作として「ポム・ダムール」も発売した。

それ以前からの定番商品「フィユテ・オ・ポム」で用いるりんごは、長野県の谷口農園（安曇野ファミリー農産）が栽培したもの。少し甘みがあってやさしい味の紅玉だ。フランス語でフィユテはパイ、ポムはりんごの意味なので、アップルパイのこと。実際に食べてみると、サクサクの食感、りんごの酸味、カスタードの甘さが楽しめる。

二〇〇三年のタカシマヤ名古屋店出店時には、名古屋名物をめざして「地産地消の焼き菓子」も開発した。「名古屋フィナンシェ」（五個入り一一〇〇円＋税）には、岡崎の八丁味噌と西尾の抹茶の二種類の味がある。濃厚な八丁味噌はアーモンドやヘーゼルナッツとからめた。バランスに苦労し、えぐみや苦みが出てしまい、何度も試作を繰り返したという。

「ＮＡＧＯＹＡロール」（一本一二〇〇円＋税）は中に小倉あんを入れた。第三章で紹介した小倉トーストにヒントを得たもので人気土産となった。

「昔ながら」のテイストも重視

一方で名古屋喫茶の定番である「鉄板イタリアン」（八〇〇円＋税）も人気だ。これは寿夫さんが開発したナポリタン味で、週末には一日二〇〇食出る日もあるほど。食べ方はお好みだが、最初はそのまま、途中で下に敷かれた玉子とからめ合わせて食べる客が多い。一〇代まで当地で過ごした筆者にとっては、昔ながらの懐かしい味。だが、一九九〇年代のイタ飯ブームの頃は「古くさい」と思われて、一日に数食しか出なかったという。近年のナゴヤメシ人気や昭和の喫茶店への郷愁もあって人気が回復。現在は安定した売れゆきを示す。

昔と今を両立させているのが本店の特徴で、フードメニューにはサンドイッチもあれば、キッシュもガレットもある。

コーヒーは寿夫さんのこだわりを受け継ぐ自家焙煎コーヒーだ。職人がネルドリップで淹れた伝統の味で、コーヒーカップも昔ながらの厚手のカップ。横に入った「CAFÉ TANAKA 1963」のロゴが誇らしげだ。味も器も昭和のコーヒー店の雰囲気を伝える。もともと「父のコーヒーに合うフランス菓子をつくりたい」というのが、後継者である娘の思いだった。

一方で、フランスの名店で修業した千尋さんがこだわったのが紅茶。世界中の産地から高品質の紅茶を取り扱う、仏「ジョルジュ・キャノン」社の紅茶を現地で吟味しつつ直接交渉して、洋菓子に合う銘柄を選び、時にはカフェタナカオリジナルブレンドにして提供する。本店のカウンターの後ろには、黒や赤や緑の紅茶の大容器が並ぶ。小さな容器を贈答用に買う客もいるという。

店内は名古屋の店らしく、新聞や雑誌も置く。お約束の中日スポーツは二部ある。フランス菓子を看板にするようになっても、スタイリッシュに走るのではなく、昔ながらのテイストも残すのは、喫茶店育ちの娘ゆえか。でも「父とは、よくケンカしましたよ」と明るく話す千尋さん。一方の寿夫さんに、「現在の千尋さんに点数をつけるとしたら？」と聞くと「まあ五〇点だね。でもよく五〇点になったわ」と笑う。

さまざまな雑誌やテレビに登場する店となっても、お客重視の姿勢は変わらない。

「遠くから来てくださって、休みでは申し訳ない」と盆や正月も休まずに営業する。

「カフェタナカ」
□本店　住所／愛知県名古屋市北区上飯田西町2－11－2
□TEL／052－912－6664
□座席数／70席（喫煙席12席・禁煙席58席）
□営業時間／平日8時30分～19時、土・日・祝日8時30分～19時30分、ケーキショップは10時～19時30分
□定休日／なし
□URL／http://www.cafe-tanaka.co.jp/

九州の原宿に佇む「ティールーム・ニコル」

カフェでは少数派の「ティールーム」を掲げ、柔らかな雰囲気をもつのが、「ティールーム・ニコル」（本店・大分県由布市／一九七八〔昭和五三〕年開業）だ。

小さな盆地に年間約三七〇万人もの観光客が訪れる由布院は、旅行関係者が調査する

「行ってみたい温泉地ランキング」で、必ず上位にランクインする人気観光地。女性のリピート率も高い。地中から湧く湯の源泉数は、県内の別府に次いで国内二位だという。

JR由布院駅の駅前に降りたつと、真正面に出迎えてくれるのが由布岳（標高一五八三・三メートル）。「豊後富士」とも呼ばれる双子の頂が特徴的な山は、霧で隠れていない限り、由布院のどこからでも見える。休日には、九州の原宿と呼ばれるほど、多くの観光客でにぎわうのがメインストリートの湯の坪街道だ。由布岳を見ながら、駅前から湯の坪街道に出て、歩くこと十数分。右に曲がり、大分川を渡ると昔ながらの景色が残る一角に出る。

「ティールーム・ニコル」は、雑木林に囲まれた小径の先にある。店の場所は、「亀の井別荘」「山荘無量塔《むらた》」とともに由布院御三家と呼ばれる旅館「由布院玉の湯」の敷地内。でも宿泊客以外の人も気軽に利用できる。

一九五三（昭和二八）年に禅寺の保養所として開業した玉の湯は、さまざまな著名人が訪れ、多くのエピソードを残したことでも知られる。たとえば雑木林に囲まれた入口の小径は、文芸評論家として名高い小林秀雄（一九〇二［明治三五］-八三［昭和五八］年）

の「道を狭くしてクルマが入れないようにすればいい。コンクリートの塀などではなく、草花や樹木を植えたらいい」というアドバイスを受け改築したものだ。細い道を歩き始めてまもなく、左手に店が現れる。

草木が醸し出す季節の風情

居心地のよい一二の座席は、すべてテラス席。ガラス越しに見える雑木林もごちそうだ。これまで何度か取材に訪れた中には雨の日もあった。だが雨に濡れた木や、根元の草花が季節の風情を醸し出す。こうした雰囲気に仕上げたのは、現社長の桑野和泉《いずみ》氏だ。

玉の湯会長の溝口薫平《くんぺい》氏・喜代子氏夫妻の長女として生まれた和泉さん（下の名前で呼び合うのも当地流）は、伝統を受け継ぎながら、柔らかく新味を打ち出す。旅館ではいち早く、仲居さんが頻繁に出入りするのをやめた。「部屋では、ほっといてくれるのがいい」と常連客にも好評だ。その一方でインターネット接続を早くから取り入れるなど、お客の利便性の向上はめざす。

雑木林でも、日田市立博物館の研究員出身で、自然にくわしい薫平さんが植えたクヌギ、コナラ、ケヤキなどの「木」の間に、さまざまな「花」を植えた。「カフェで座って見る景色は、上ではなくて下。座った時に見える花として、季節のもので、由布院と調和し、この地で育つ品種を選んでいます」と話す。たとえば温泉が恋しくなる冬の時期には、スノードロップが目を楽しませてくれる。

これ見よがしに主張しない店だが、「コーヒー」（五二〇円、アイスコーヒー六二〇円）は、「神戸にしむら珈琲店」（一九四八［昭和二三］年開業）の豆を使う。ただ豆を使うだけでなく、導入時にはコーヒーの淹れ方も、にしむら珈琲店から学んだ。名物女性店主だった川瀬喜代子氏（故人）も快く受け入れて、自ら由布院に来て教えてくれたという。「紅茶」（ホットもアイスも六二〇円）は、飲みやすくて万人に好まれる味として知られる「ディンブラ」を用いる。

玉の湯名物の「スープのセット」（一〇三〇円。パン・ミニコーヒーつき）もおいしい。一緒に添えられるパンは、一九一六（大正五）年創業の「別府友永のパン」だ。

スープは「いのちのスープ」として有名な料理研究家の辰巳芳子氏から、玉の湯総料理長の山本照幸氏が直接指導を受けたもの。クレソンスープは宿泊客の食事に出されるが、カフェの利用客も味わうことができる。地元農家である江藤農園・江藤雄三氏に

「頼み込んで栽培していただいた」（和泉さん）というクレソンは、やさしい味だ。

スイーツの数は多くないが、りんごの甘さと酸味が絶妙の手作りのアップルパイ（四六〇円）が一番人気。コーヒーとセットで八七〇円、紅茶とセットでは九八〇円で楽しめる。かなり大きいので、朝食代わりでもいいかもしれない。「トマトジュース」（五二〇円）、青森県・片山りんご園のりんごを使った「林檎ジュース」（五二〇円）、「梅みつジュース」（五七〇円）といったヘルシーなドリンクもある。

「英国のアフタヌーンティーのように、一五分ではなく一時間、二時間を過ごし、玉の湯の雰囲気を感じていただければ、うれしいですね」と話す和泉さん。

夕方以降は別の一角が「ニコルズ バー」（一七時三〇分〜二四時。火曜から木曜は二〇時オープン）に変わる。ティールームもバーも店名に「ニコル」がつくのは、原稿執筆時に玉の湯を定宿とする作家で環境保護活動家のC・W・ニコル氏の名前から。「この宿にバーがあれば最高なんだが」というニコルさんの声に応えた。

「ティールーム」の名前にも、和泉さんのこだわりがある。東京の大学を卒業後に帰郷した二〇年以上前、コーヒーはおいしいものがあったが、紅茶はあまりなかった。「喫茶をする雰囲気も、コーヒーは照明を落としても合いますが、紅茶は明るい空間で味わうほうが似合うと思います。都会のホテルでなく、田舎の由布院で英国風の時間を楽しんでいただきたい」、そんな思いも込めたという。

バーもすっかり定着した。筆者が取材後に利用した際も、ある時は、由布院駅前に店を構える老舗和菓子店の一家が、誕生日の食事会の後の懇談に利用していた。観光客だけでなく、地元民の憩いの場にもなっているようだ。

今なお残る「昔ながらの景観」

和泉さんは四〇代前半から、店も旅館も加盟する「由布院温泉観光協会」の会長を務めており、かつては大分県の観光協会（社団法人ツーリズムおおいた）の会長でもあった。そこで昔ながらの景観を守り続ける、由布院のこだわりを簡単に紹介しておこう。

高度成長期、近くの大型観光地である別府に団体客が押し寄せるなか、由布院は閑散としていた。それを何とかしたいと、当時相次いで跡を継いだ旅館の若主人を中心に由布院の魅力を考え始めた。一九七一（昭和四六）年に中谷健太郎氏（当時、亀の井別荘社長。現・会長）、志手康二氏（同、山のホテル夢想園社長。故人）、そして溝口薫平さんの三人が、農協からカネを借りて欧州視察の貧乏旅行に行き、現地で学んだ。

実は由布院には「由布院温泉発展策」という講演録が残る。日本で最初の林学博士で日比谷公園や明治神宮の森の設計者だった本多静六氏（一八六六〔慶応二〕－一九五二〔昭和二七〕年）が、一九二四（大正一三）年に現在の由布院小学校で語ったものだ。それには「ドイツのバーデンバーデン（代表的な大型温泉保養地）に学べ」「森林公園の中に町があるようにする」「地場の産物を研究開発する」といった、いまでも通じる提言がされている。これを学んだ当時三〇代の経営者三人が「教科書であるドイツ」を含む欧州九ヵ国・四五日間の視察に向かう。

現地で感銘を受けたのは、まずは住む人ありきという、「生活型観光地」の理想。とくに、「町に大切なのは『静けさ』と『緑』と『空間』だ。私たちは一〇〇年の歳月をかけて景観を守ってきた」という言葉に目を開かされた。これを教えてくれたのも西ドイツ（当時）の田舎町・バーデンバイラーのホテルの主人で、町会議員だったグラテボル氏だった。

帰国後の由布院は三人を中心に、個人客をもてなす欧州型の旅館をめざす。「ゴルフ場建設計画」「大型観光施設」「サファリパークの進出」と開発の波は何度も押し寄せたが、そのつど反対運動を繰り広げた。こうして今なお残る「昔ながらの景観」が守られたのだ。
旅館や飲食店が一緒に食事メニューを開発する「ゆふいん料理研究会」や、由布院らしい食卓を提供する「風の食卓運動」など、他の観光地が学びにくる取り組みも多い。共存共栄の思想が根づく由布院は、宿泊施設も飲食店も大半が個人経営。旅館で働いていた人が独立して地元に飲食店を出店すると、旅館はそのメニューを外すこともある。独占ではなく一体の姿勢で、地域としてもてなす。ティールームのテラス席には、そんなふんわりした空気感も漂っている。

「ティールーム・ニコル」
□住所／大分県由布市湯布院町大字川上2731－1
□TEL／0977－84－2158
□座席数／12席（全席禁煙）
□営業時間／9～17時
□定休日／なし
□URL／http://www.tamanoyu.co.jp/

専門誌編集長が絶賛した「茶房　天井桟敷」

濃厚なコーヒーとスイーツは、多くの店を食べ歩いてきた飲食雑誌『カフェ&レストラン』の編集長・前田和彦さんと広告部長（当時。現・株式会社山央舎社長）の山内香津央さんが絶賛したほど。「茶房　天井桟敷」（大分県由布市／一九七四［昭和四九］年開業）は、由布院御三家の一角を占める「亀の井別荘」（一九二一［大正一〇］年創業）の敷地内にあり、夜は「Ｂａｒ山猫」となる。店主の中谷健太郎さん（亀の井別荘会長。一九三四［昭和九］年生まれ）は、亀の井別荘における天井桟敷（&山猫）の役割を「ネクタイや帽子のようなもの。それがなくても生きていけるけど、『好み』がはっきりする。旅館のキャラクターには欠かせない仕掛けですなあ」と説明する。

江戸時代の造り酒屋の家屋を改造した建物の一階は土産店、その二階にあるのが天井桟敷だ。すぐ横にある由布院の名所・金鱗湖を散策したお客も多く押し寄せる。金鱗湖は「湖」だが、「池」のような広さ。素朴な雰囲気が町ぐるみで景観を守ってきた由布院らしい。

店名の名付け親も健太郎さん。フランス映画「天井棧敷の人々」（マルセル・カルネ監督／一九四五〔昭和二〇〕年初公開）と寺山修司主宰のアングラ劇団「天井棧敷」から拝借した。

さまざまな「演出」が施された店

店主の人となりは後ほど紹介するが、この店には〝らしさ〟が施されている。店内の調度品は独特で「組織化された混乱」とでもいえばいいだろうか。それもそのはず、一九七四（昭和四九）年に開店をPRするため、顧客の人脈を頼って「古物乞御喜捨」（くださいな）と洒落でお願いしたところ、テーブルは彦山の酒屋から分厚くて丸くて大きな「樽の底板」が届き、イスは各地の村長、郵便局長、校長、組合長、社長から贈られたものだ。あまりにバラバラだったため、白いカバーをかけて落ち着かせたという。

いつも混雑する天井棧敷だが、平日の朝や午後の時間帯など、運がよければ窓側の席に座ることができる。格子の木枠越しに外の木々と茅葺き屋根の民家風建物（亀の井別荘の食事処「湯の岳庵」）が見える。カメラでそこだけを切り取ると、江戸時代にタイムスリップしたかのようだ。運ばれたコーヒーとスイーツ、ミルクピッチャーを置いて、横から撮るのもおススメ。冬の時期には帽子とマフラーをした雪だるまの小物を窓際に置くなど、店のさりげない演出が、構図づくりを手助けしてくれる。

店内には、「グレゴリオ聖歌」の音楽が流れる。江戸時代の由布院は隠れキリシタンが住む切支丹村で、細分化された小藩が統治する飛び地の存在だった。そんな歴史にもちなむ。

多くのお客が注文するのが「天井桟敷ブレンド」（六一七円）だ。苦みと香りが主張している。「ヨーロピアンスタイルをめざした深煎りのコーヒーで、コロンビアのティピカ種をベースに、イエメン、ブラジルの三種を配合したブレンド」だそうだ。コーヒーは「ペーパードリップ」「サイフォン」のいずれかで提供する。

「パウンドケーキ」（五一四円）もおいしいが、由布院に来たからには「モン・ユフ」（五一四円）を味わってみたい。由布岳をイメージした品で、クリームチーズをベースにした味がいい。スイーツと一緒にコーヒーを口に含むと、また違う味が楽しめる。

「ティールーム・ニコル」で紹介したように、健太郎さんは、盟友の薫平さん（玉の湯会長。一九三三〔昭和八〕年生まれ）、志手さんとともに由布院の町づくりを「身体を張って」つくりあげてきた存在。当地が舞台となったＮＨＫ朝の連続テレビ小説「風のハルカ」（二〇〇五年一〇月三日～〇六年四月一日放映）は、当人をモデルにした「倉田宗吉」の役を藤竜也が演じた。

明治大学を卒業して東宝の助監督をしていたのを、父・宇兵衛氏の死によって二八歳で由布院に戻り家業を継いだ。映画人らしく「ゆふいん音楽祭」「湯布院映画祭」「牛喰い絶叫大会」といった映像になるような名物イベントは、いずれもこの人の発案。ちなみに「雪は天から送られた手紙である」の言葉で知られる物理学者・随筆家の中谷宇吉郎氏（一九〇〇〔明治三三〕－六二〔昭和三七〕年）は伯父にあたり、映画界への復帰をめざしながら家業を継いだのも伯父の助言だったとか。祖父は〝別府観光の父〟と呼ばれる油屋熊八氏に依頼されて、亀の井別荘の別荘守を務めた巳次郎《みじろう》氏だ。

「モン・ユフ」には、前述した欧州三人旅での思いも込めた。パリのムードンの森にあるロッジ風のカフェで「La Neige a la Fontainebleau」（フォンテーヌブローの雪）というチーズケーキに出合い、味に感動した。その味を再現したという。

ある時、これを食べて「あら、これって、ラ・ネージュ・ア・ラ・フォンテーヌブローだわ」と見抜いたお客がいた。彫刻家の宮脇愛子氏（建築家の磯崎新氏夫人。二〇一四年八月二〇日死去）だった。

開業から現在まで、町おこしのイベントや打合せのための「たまり場」でもあった天井桟敷では、由布院が周遊コースとなった、ＪＲ九州の特別列車（クルーズトレイン）「ななつ星in九州」の観光客を、英国製「蓄音機」（一九二九［昭和四］年製）でもてなす。お客からは「電気ではなく、手動で音楽が聴けるなんて不思議な感覚だ」「幼い頃に祖父母（や父母）がかけてくれたので懐かしい」と好評だという。

開業時に店主自らが墨で書いた入口の看板は「珈琲・果汁・音楽・読書」だったと聞くが、それに「菓子・軽食・懇談・議論」が加わり、「接遇」の舞台にもなっている。

与謝野晶子や北原白秋も訪れた

そんな健太郎さんを、初めて取材したのは一〇年以上前になるが、二〇代の頃の服がそのまま着られる痩身、飄々《ひょうひょう》として洒脱な言い回しは健在だ。最初の取材では、由布院の町づくりについて、こんな言い方で話していた。

「女性的な町ですから、他からの資本である〝お婿さん〟が来るのは大歓迎。でも由布院らしさという〝家訓〟があるので、それは守っていただきたい」

取材にうかがうと「我が家へようこそ」と話し、自らを「宿屋の主人」と呼ぶ。息子の太郎氏に社長を譲り、会長に就任してからは「隠居の身」を自称。著書も多い本人に「それなら『三屋清左衛門残日録』（藤沢周平著）ならぬ、『中谷健太郎残日録』を書いてくださいよ」と話すと、「『懺悔録』なら書けそうですね」と笑いながら応じる。この人とのやりとりを楽しみに、全国各地から「客人」（これも本人の言い方）が訪れる。

子ども世代に表舞台を譲った今も、地域にかける血潮は熱い。地場の野菜の生産者を招くなど、由布院らしい食卓づくりを考える「風の食卓運動」（二〇〇七年〜）の命名者でもある。前に紹介した「風のハルカ」の放送終了後に始めたものだ。宿の関係者と飲食店関係者が一体となって活動し、地域全体でお客のもてなし方を考える。

蓄音機を持ちだしたのも、「九州人として『ななつ星』をサポートする気持ちのほか、本多静六氏が『由布院温泉発展策』で語った『滞在型保養温泉地』を少しでも具体化したかったのです」と話す。大がかりではなく、できることから始めるのもこの町らしい。

由布院を訪れた文化人、コーヒーとの出合いも記しておこう。亀の井別荘ができた大正一〇年代から昭和初期にかけては、与謝野鉄幹・晶子夫妻、菊池寛、田山花袋、久米正雄、北原白秋、長谷川伸《しん》（山岡荘八、平岩弓枝、池波正太郎らの師でもある）といった面々が訪れている。帝都・東京のカフェーで名をはせた菊池や久米は、九州の由布院盆地にも足を運んでいたのだ。

紀州徳川家一五代当主だった徳川頼倫《よりみち》（侯爵／一八七二〔明治五〕－一九二五〔大正一四〕年）は、道端に総出で出迎えた村人たちをねぎらい、巳次郎さんにコーヒーをふるまうように頼んだ。「祖父がそれをバケツに入れて配ったのが『初めてのコーヒー』だったと父が話していました」（健太郎さん）。

頼倫が帰った後、村長は巳次郎さんにこう話したという。

「この次から、あの胃薬だけは勘弁しちょくれ」

大田南畝の「焦げくさくして味ふるに堪ず」（一八〇四年）から一一〇年以上たった大分県の村でも、コーヒーは不思議な味だったようだ。

それからさらに一世紀を経て、現在、飲食店だけでも数十店に増えた。町全体で「客人をもてなす」由布院の接客サービスには、総じて押しつけがましさはない。「よろしかったら、いかがですか」と、ほどよい距離感がある。それもあってか、リピーター客も非常に多い。

ビジネス街や繁華街と観光地では事情が異なるが、昔とは違い、特別な存在ではなくなった「カフェ」という空間を「心地よさ」に変えるヒントの一つが、この山間《やまあい》の盆地にあるのではないか。町を訪れ、人波から離れて農道を歩くたびにそんなことを考える。

「天井桟敷」
□住所／大分県由布市湯布院町川上2633－1
□TEL／0977－85－2866
□座席数／33席（7テーブル28席・カウンター5席＝カウンターはBarタイムのみ。全席禁煙、Barタイムは喫煙可）
□営業時間／9～18時（火曜日は16時まで。19～24時は「Bar山猫」に）
□定休日／なし（「Bar山猫」は水曜日。木曜日休むこともあり）
□URL／http://www.kamenoi-bessou.jp/

第五章　「うちカフェ」という見えざる市場

日本の生活者が「どこでコーヒーを飲んでいるか？」

これを調べたデータがある。全日本コーヒー協会が調べた中学生以上七九歳までを対象にした「飲用場所別『1週間当たりの杯数』」という調査結果（一八九ページ図表12）の数字だ。

コーヒーの六割以上を自宅で飲む

実に六割以上が自宅で飲まれており、二割以上が職場や学校で飲まれている。

同じ調査ではこの三〇年の経緯も示す。同協会では「2002年より飲用杯数の質問形式が変わったことにより、連続性が薄い」というが、それでも長期の傾向はわかる。

店で飲む杯数が減り、家庭や職場・学校で飲む機会が増えた。近年は職場・学校も減り気味だ。

つまりカフェ・喫茶店の最大のライバルは、家庭で飲む「うちカフェ」なのだ。コーヒー三杯のうち二杯弱は、どこかで買ったものを自宅で飲んでいる計算となる。

東京都中野区に店を構える焙煎メーカーの折原コーヒー（折原伸《しん》社長。商品名はオリハラコーヒー）会長の折原烈男《やすお》氏（一九二八〔昭和三〕年生まれ）は次のように説明する。

「戦争中は輸入禁止だったコーヒー豆は、朝鮮戦争が勃発した昭和二五（一九五〇）年に輸入が再開されました。輸入当初は、その九割以上が喫茶店で消費されていたと思います。世の中が落ち着きを取り戻し、都内でも喫茶店の数が増えていった高度成長期以前までは、まだ缶コーヒーもなく、ほとんどが個人経営の店で消費されていました。

当社の店頭でもコーヒー豆を販売していますが、一般の方が気軽に来店されて自宅用に買っていかれる。昔と今とでは、コーヒー豆の消費のされ方がまったく違うのです」

同社は規模こそ大きくないが、一九五六（昭和三一）年から中野区新井の現在地に店を構えて数百の喫茶店にコーヒー豆を納入してきた。昭和二〇年代からコーヒー業界に身を置き、長く全日本コーヒー協会の役員や中野区商店街連合会会長も務めた折原さん

【図表12】 飲用場所別「一人1週間当たりの杯数」

	合計	家庭	喫茶店・コーヒーショップ	レストラン・ファストフード	職場・学校	その他
1983年	8.60杯	5.10杯	1.10杯	0.10杯	1.70杯	0.50杯
1985年	9.02杯	5.25杯	1.05杯	0.10杯	1.97杯	0.65杯
1990年	9.90杯	5.62杯	0.88杯	0.11杯	2.37杯	0.92杯
1996年	10.80杯	5.99杯	0.69杯	0.18杯	2.97杯	0.96杯
2000年	11.04杯	6.49杯	0.52杯	0.17杯	2.98杯	0.88杯
2002年	10.03杯	6.27杯	0.34杯	0.14杯	2.50杯	0.76杯
2004年	10.43杯	6.42杯	0.38杯	0.12杯	2.69杯	0.76杯
2006年	10.59杯	6.38杯	0.33杯	0.11杯	2.78杯	0.93杯
2008年	10.60杯	6.52杯	0.22杯	0.10杯	2.77杯	0.91杯
2010年	10.93杯	6.74杯	0.23杯	0.09杯	2.86杯	0.94杯
2012年	10.73杯	6.85杯	0.21杯	0.11杯	2.56杯	0.93杯

（出所）全日本コーヒー協会「コーヒーの需要動向に関する基本調査」より抜粋／（注）2002年より飲用杯数の質問形式が変わったことにより、連続性が薄いことに留意されたい。

四捨五入の関係で合計が一致しないことがある。

【図表13】 コーヒー豆の輸入数量と喫茶店の数

	1981年	2011年／2012年
コーヒー豆の輸入数量（生豆換算合計）	19万8180t	45万2672t／42万1620t
喫茶店の数	15万4630店	7万454店（最新=2012年）

（出所）全日本コーヒー協会「コーヒーの需要動向に関する基本調査」より抜粋

は、戦後の喫茶業界の動向に最もくわしい一人だ。

「コーヒー豆の輸入数量」(図表13)を同時に紹介すると、喫茶店の数が最も多かった一九八一年に比べて、二倍以上に増えている。コーヒーの輸入は倍増したが、店舗数は半減し、店で飲む杯数も三〇年前(調査データの八三年)に比べて五分の一に激減してしまった。

所得減、外食控え、デフレの結果……

なぜ、こうした結果となっているのか。筆者は複合要因だと考える。

まずは伸び悩む「所得」だ。ニュースで報道されてきたように、この二〇年近く、収入は増えていない。それを裏づける複数の調査データも示しておく。民間給与は平均で一三%減り、一世帯当たりの平均所得は七%減った(図表14)。そうなると、家計の支出で真っ先に削られるのが小遣いだ。実際のデータでも「サラリーマンのお小遣い」(図表15)は、バブル時代の半分以下になった。平日のサラリーマンの昼食でいえば、フトコロが寂しくなると、外食回数が減り、弁当持参が増えたり、安い商品の購入で支出額を抑える生活防衛を行う。よくいわれる「千円亭主」が「ワンコインランチ」を食べるといった構図が浮かびあがる。

【図表14】「収入」は長期にわたり減っている

	1997年	2012年
民間給与所得	467万円	408万円（正規社員468万円、非正規社員168万円）

「国税庁」調べ

	2002年	2011年
一世帯当たり平均所得金額	589.3万円	548.2万円

「厚生労働省」調べ

【図表15】「サラリーマンのお小遣い」も減っている

	最も多かった年	2013年
平均お小遣い	7万7725円（1990年）	3万8457円
1回の昼食代	746円（1992年）	518円
1回の飲み代	6160円（2001年）	3474円

「新生銀行」調べ

次に外食のデフレ価格。象徴的なのが牛丼だろう。消費税増税で少し上げた大手（吉野家）もあるが、三〇〇円前後で牛丼が食べられるご時世に、コーヒーは一杯二〇〇円台のセルフカフェでも、昔のように気軽に飲まれにくい。東京都杉並区で三〇年来、喫茶店を経営する店主はこう話す。

「かつては昼食の後でコーヒーを飲みに店に来るお客さんは多かったが、今はほとんどいない。だからウチも十数年前から八〇〇円ほどのコーヒーつきランチセットをやっている。それでもファストフード店などと比べて、割高感を持たれてしまう」

別の消費者心理も考えられる。コーヒー業界に限らず、四半世紀にわたり、さまざまな業界を取材しているが、昔に比べて「外の専門家に頼む」から「似た結果を得られるものを家で行い、節約する」傾向が強まってきた。

たとえば、ワイシャツやセーターをクリーニングに出さずに自宅で洗う。美容院や理髪店でカラーリングをしないで、自宅で毛染め剤を使うといったことだ。もちろん、これらに対応する家庭用品も増えているのだが、コーヒーを飲むという行為にも共通する。「使えるおカネが少ない」「先行き不透明な時代の消費抑制」につながっているのだろう。

昔に比べて職場に「余裕」もない。多くの会社が限られた人員で仕事をやりくりしており、外回りの営業マンが喫茶店でサボる行為も激減。その昔は多かった「会議中に喫茶店のコーヒーを出前してもらう」ことも一部のビジネス街を除いて少なくなった。

ついでにいえば、この一〇年でオフィスへの入退室セキュリティシステムも強化され、出前業者も入りにくくなった。一方で、職場の給湯室でコーヒーをサーバーに落として、従業員が自由に飲める会社もあれば、社内に自動販売機を設置する会社も増えた。「喫茶店・コーヒーショップ」で飲む杯数が減ったのには、こうした要因も考えられる。さらにコーヒー系飲料も増え、どこでも買える時代になり、味もおいしくなった。

カフェのライバルともいえる、コーヒー飲料の動向をいくつか紹介しよう。

定着した「コンビニコーヒー」は多様化へ

まずは、大ヒット商品となったコンビニのコーヒー。

二〇一三年には、新聞の『日経ＭＪ』「ヒット商品番付」で、セブン‐イレブンの「セブンカフェ」が東の横綱に、雑誌の『日経トレンディ』「ヒット商品ランキング」で、「コンビニコーヒー」が一位に輝いた。今やオフィス街のコンビニでは、朝の通勤時にサラリーマンがコーヒーを買うのが日常的な光景となった。カウンターで店員からカップを受け取り、自分で抽出するしくみなので「カウンターコーヒー」とも呼ばれる。

この快進撃に火をつけたコンビニ業界最大手のセブン‐イレブンでは、第一章で紹介したとおり発売一年強で累計販売杯数が四億五〇〇〇万杯を突破した。一杯一〇〇円（レギュラーサイズの税込価格）で単純計算すれば四五〇億円。実際にはホットで一五〇円、アイスで一八〇円のラージサイズもあるので、売上高はさらに大きい。

同社によれば、一日一店舗当たり平均で約一一〇杯の販売数だといい、損益分岐点を大きく超えた数字となっている。筆者も何度か飲んでみたが、一杯一〇〇円でこの水準ならと納得できる味だ。当初ねらったのは「マクドナルドの一〇〇円コーヒーを支持するお客」といわれたが、その目的は十分に果たしたといえよう。

そのマクドナルドも「マックカフェ」がヒットするまで失敗を繰り返したが、セブンも何度も挑戦し続け、ようやく「セブンカフェ」で逆転ホームランを打ったことになる。

今回、ドリップコーヒーを抽出するコーヒーマシンは富士電機の製品。コーヒー豆の焙煎はAGF（味の素ゼネラルフーヅ）とUCC上島珈琲という、いずれも喫茶業界で実績の高いメーカーと組んだ。女性客の利用も多く、サンドイッチやスイーツの売れゆきも好調だという。

こうなると競合各社も黙っていない。コンビニ業界二位のローソンは、二〇一四年四月一日から全国の「MACHI café」（同社における名称）導入店舗で発売していた「ブレンドコーヒー」「アイスコーヒー」「カフェラテ」「アイスカフェラテ」を農園・生産地域を一〇〇%指定（それまでは五〇%）したコーヒー豆に変えて発売した。たとえばブレンドコーヒー向けには、ブラジルのイパネマ農園、ニカラグアのサンタ・リタ農園、タンザニアのエーデルワイス農園の豆が使われているという。こちらの販売価格はブレンドやアイスのMサイズが通常一八五円（Ponta会員一五五円）とセブンに比べると高く、その分、上質さで訴求している。さらに二〇一四年九月三〇日に、ブレンドとアイスのSサイズが新たに一〇〇円で登場。Mサイズを一五〇円に、Lサイズを二一八円から一八〇円に、それぞれ引き下げた。

同業界三位のファミリーマートは、二〇一二年九月から展開していたカウンターコーヒーのブランド名を一三年一一月に「FAMIMA CAFÉ」（従来は「あじわいファミマカフェ」）に変更。同時期に投入したブレンドSサイズの価格（一二〇円）を二〇一四年四月二一日に一〇〇円に引き下げ、続いてアイスコーヒーのSサイズも一〇〇円にした。

大手三社だけでなく、地域の有力チェーンの動きもある。たとえば北関東を中心に展開しているコンビニのセーブオン（ベイシアグループ）は、セブンカフェが話題になり始めた二〇一三年四月二三日から一杯一〇〇円で販売するなど、カウンターコーヒーに注力している。

「無糖」や「健康」を打ち出す缶コーヒー

昔も今も自動販売機の定番「缶コーヒー」は、コーヒー飲料の中で最大の市場規模を持つ。コンビニのカウンターコーヒーにも押されて近年は数パーセント減っているが、それでも七三九〇億円（市場調査会社「富士経済」調べ。二〇一三年予測値）の市場規模。喫茶業界全体では一兆円といわれるので、その七割の規模をもつ。

缶コーヒーは自動販売機設置台数の多いメーカーが強い。日本全国に清涼飲料の自販機は二二一万七一〇〇台あり、自販機の売上高は年間一兆九一三三億円強（二〇一三年末。日本自動販売機工業会調べ）という巨大市場だ。

缶コーヒーにおけるトップブランドは、長年にわたり「ジョージア」（日本コカ・コーラ。一九七五［昭和五〇］年発売）が君臨する。看板商品「エメラルドマウンテンブレンド」（水色のパッケージ）を筆頭に、缶容器の色が黒の「ブラック」、ゴールドの「キレの微糖」、カフェオレ色の「カフェオレ」が人気だ。

これに次ぐのが「ＢＯＳＳ（ボス）」（サントリー食品インターナショナル。九二年発売）で、こちらも容器が虹色の「レインボーマウンテンブレンド」、ゴールドの「贅沢微糖」、黒の「ブラック」、カフェオレ色の「カフェオレ」などのラインナップで展開する。ボスは近年、販売数量の伸びが著しい。

この商品パッケージに描かれた、パイプをくわえた男性のイラストが象徴するように、缶コーヒーの愛用者は主に男性。各社のCMでも女性を意識したプロモーションは少ない。

長距離トラックの運転手や建設現場の作業員など身体を使う職業の人の支持が高く、総じて甘みが強かった。近年は「無糖」や「微糖」など甘さ控えめの人気商品も多いが、それでも「缶コーヒーは甘い」(のが多い)が共通認識だろう。

そんな缶コーヒーも「健康」のキーワードが目立ってきている。花王が二〇一三年四月に発売した「ヘルシアコーヒー」もその一つ。厚生労働省の「特定保健用食品」(トクホ)の認可を得て、商品パッケージや広告でも「脂肪を消費しやすくする」と表示。体脂肪が気になる人に訴求して、人気商品となった。その一〇年前、二〇〇三年「ヘルシア緑茶」の発売以来、「トクホの飲料市場」を創った(同市場七〇〇億円のうち三〇〇億円がヘルシアブランドといわれる)メーカーゆえ、従来のコーヒー飲料とは違う切り口で訴求した。

花王の担当者は「何かを添加したのではなく、コーヒー本来の成分であるコーヒークロロゲン酸＝ポリフェノールを高濃度にすることで、脂肪を消費しやすくした」と話す。

それまで「ブレンディ香るブラック」(味の素ゼネラルフーヅ、二〇〇七年発売。現在は販売終了)がトクホのコーヒーの先駆者だった。ブレンディはコーヒー豆から抽出した高濃度コーヒーオリゴ糖の配合で「体脂肪が気になる方」向けに訴求したのに対して、ヘルシアはさらに踏み込んで成分そのもので訴えたのだ。

続いて、ヘルシア緑茶と並ぶトクホの茶系飲料「黒烏龍茶」をもつサントリー食品もボスから「ボス グリーン」を発売（二〇一四年一月）。配合はブレンディと似ているが、マーケティング上手な会社らしく、CMをはじめとする印象的な広告と「トクホのボス」というわかりやすいキーワードで、こちらも人気商品となった。

ただし、いずれも味は微妙。飲んだ人に聞き続けて、自分でも試飲した感想では、「コーヒーというよりも、それに近い飲料」の声が多く、「おいしい」という声は皆無だった。「毎日飲む継続性を重視した」（花王）と説明するので、味の置きどころが違うのか。

もともとコーヒーの健康機能性は指摘されていたが、こうした大手が相次いで健康訴求のコーヒーを発売したことで、注目度が一気に上がった。それにしても、かつては「飲むと胃が荒れる」とネガティブイメージが強かったコーヒーも、ずいぶん変わったものだ。

「ミルク感」が人気のチルドカップコーヒー

ミルク系を打ち出して人気なのが「チルドカップコーヒー」だ。こちらはプラスチックのカップ容器入りで、添付されたストローを差し込んで飲むコーヒー飲料のこと。チルドとは冷蔵のことで、工場から出荷して小売店まで冷蔵で運ぶため、おいしい状態に保たれている。プラスチックのフタがついている商品が多いのは、「店で飲むコーヒーのイメージを大切にしている」のだという。

この市場は二〇〇〇年代に急速に伸びたが、〇七年をピークに上昇基調は落ち着き、近年は微増が続く。市場規模は缶コーヒーの一割強、九〇〇億円弱となっている。

缶コーヒーが男性的な飲料なのに対して、チルドコーヒーは女性に人気の飲料だ。その理由を、愛飲者は次のように説明する。

「カップでコーヒーを飲むと口紅が落ちるので、容器に直接口をつけたくない。その点、ストローで飲めるチルドコーヒーは、口紅を気にしないで飲める」(三〇代の女性会社員)

「カフェラテ味が好きで、味の種類が多い。デザイン作業の合間に少しずつ飲むので、そのつどキャップを開けるよりもストローのほうが便利」(三〇代の女性デザイナー)

この市場で圧倒的シェア（二〇一四年八月現在で五〇％強）を持つのが、森永乳業の「マウントレーニア」だ。現在でも次々に新商品を出し、ブランドを活性化させている。たとえば一四年一月二八日に「マウントレーニア　カフェラッテ」（カフェラテではなく商品名には「ッ」が入る）の商品ラインナップに「メープル＆ハニー」を、三月一一日に「キャラメルカプチーノ」を、五月六日からは「カフェモカ」をそれぞれ追加投入した。四月一日には「ブラック」、同八日には「ライト」の改良品を市場に送り出した。

「主な購買客層は三〇代から四〇代の女性が多いですね。発売から二一年たち、定番の『カフェラッテ』シリーズを中心に高い支持をいただいています。ミルク系コーヒーのマイルドな味わいが人気で、缶コーヒーとはバッティングしない市場なのも特徴です」

こう説明するのは北川泰氏（森永乳業株式会社第一営業本部・ビバレッジマーケティンググループ長）だ。発売時に営業担当として向き合い、この九年間はマウントレーニアブランドの責任者として関わる北川さんは、チルドカップコーヒーの動向に最もくわしい。

スタバより早かった「シアトル系」の訴求

実はマウントレーニアは「スタバよりも先にシアトル系の味を日本に紹介した」商品

だ。発売は一九九三（平成五）年二月とスタバ国内一号店より三年以上早い。その開発秘話も紹介しよう。

「九〇年代初めに、社員が訪れた米国・シアトルで見た光景がきっかけです。当時のシアトルでは、エスプレッソにミルクを入れた『カフェラテ』が流行しており、歩きながら飲む人も多かった。当社は乳業メーカーなので、ミルクのよさを生かした商品を検討していたところ。そこでエスプレッソとミルクを組み合わせたコーヒー飲料の開発が始まり、『マウントレーニア　カフェラッテ』の発売につながったのです。以前から会社でチルドカップ乳飲料を展開しており、商品化の技術を持っていたのも大きかったですね」（北川さん）

さらにこう続ける。

「マウントレーニアの強みは、①おいしさの追求、②自社での一貫した開発・生産・物流体制、③無菌充填技術による味覚と品質の安定性で、その基本は変わりません。ただし商品誕生二〇周年を機に、デザインもプロモーション活動も見直しました。

発売時から長年、外国的なイメージづくりにこだわって、ハリウッド女優によるＣＭを続けていたのですが、顧客層が定着した近年は、日本人のストーリー性を重視。二〇一二年からのCMは『いま ここ しあわせ』のブランドコンセプトのもと、自分らしく生きようとする『アラタ』（演じるのは俳優の井浦新さん）と『アユミ』（同伊藤歩さん）の日常生活として展開しています」

「コンビニのコーヒーにお客を奪われていないのか」と聞くと、「ゼロではないですが一～二％程度。ほとんど影響は見られません。淹れたて感やブラック系を好む客層と、しっかりとミルクを打ち出したコーヒーを好むお客さまのベネフィットは別のところにあるようです」と自信を示す。

この手の商品は、スーパーやコンビニの棚取りが勝負だ。新商品はお客の支持を受ければ棚に残るが、支持を受けなければ脱落する。過去には何度も「チルドカップコーヒー戦争か」と呼ばれた戦いがあった。たとえば二〇〇七年には、タリーズコーヒージャパン（伊藤園の子会社）やコカ・コーラの大手飲料メーカーが参入したが、新規商品は不発に終わった。

その当時とはメーカーの勢力図も変動した。森永乳業の一位は盤石だが、以前はスターバックスのチルドカップコーヒーが不動の二位だった。それが最近のデータ調査では「セブンプレミアム」などのPB（プライベートブランド）商品群が二位を占めることも多い。「大手小売りが手がけるコーヒー飲料」は、この市場でも脅威となってきたのだ。

別の日に会った飲料業界関係者からは、「セブン-イレブンがドリップコーヒー大成功に次ぐ戦略として、ミルク系コーヒーの発売をめざすらしい」といった話も聞こえてきた。

各地に拡大する「カルディ」の店

コーヒー豆も、近年は専門小売店で買う傾向が強まっている。

その代表といえる店が、全国各地に店舗展開する「カルディコーヒーファーム」(運営は株式会社キャメル珈琲)だ。最新の直営店舗数は三四一店(二〇一四年八月現在)。二〇〇九年一月末の店舗数一六一店から倍増し、同社の売上高も急増。二〇〇七年八月期決算では二一五億円だったが、一三年八月期には六九四億円(同社単体)と、こちらは三倍以上に拡大した。

現在ではコーヒー豆よりも、ワインや輸入食品などを扱う食品小売店のイメージが強いが、出発はコーヒー豆を喫茶店に卸す焙煎業だった。小売業に進出したのは取引先からの「コーヒー豆だけでなく、業務用パスタソースもほしい」といった要望に応えて品揃えを拡大していったことによる。これは高度成長期の焙煎メーカーが、喫茶材料全般を扱うようになったのと同じ構図だ。

カフェチェーン店でも、カルディのように三〇〇店を超える規模は片手程度しかなく、たとえば「珈琲館」（運営はUCCグループのユーシーシーフードサービスシステムズ株式会社）の約二六〇店舗より多い。ちなみに五〇〇店舗を超えるカフェは、「ドトール・コーヒーショップ」「スターバックス」「コメダ珈琲店」「タリーズコーヒー」だけだ。

店の名前は、コーヒーを発見したといわれるエチオピアのヤギ飼い、カルディの名前からとった。店内には、そのカルディ伝説がパネルで紹介されている。

一号店を開店したのは一九八六（昭和六一）年で、東京・下高井戸駅前の小さな店だった。コーヒー豆以外を扱い始めた当初は、パスタやホールコーンなどの業務用商品や、小包装したスパイスを中心に販売していたという。それを独自の品揃えに変えていく。人気が高まるとともに、全国各地の駅ビルや専門店ビルに積極的に出店しており、利用経験のある人も多いだろう。

筆者にとって下高井戸は地元でもあり、昔からカルディは身近な店だった。店の利用者にはおなじみの、紙コップに入れたコーヒーを入口で手渡す「コーヒーサービス」が始まったのは一九九二（平成四）年夏のことだから、すでに二〇年を超えた集客術で、東京・下北沢店から始めた。偶然だが、このサービス開始当初も一般客として利用していた。コーヒー豆だけでなく、まだ明治屋や紀ノ国屋といったスーパー以外に取り扱う店が少なかったエスニック食品や、パスタソースなどがズラリと並ぶ棚が面白かった。

昔も今もカルディの基本は「コーヒー豆」だという。店名には「コーヒーをもっと気軽に飲んでほしい」という意味も込められ、コーヒーサービスはその象徴だ。利用客も心得たもので「少しのどが渇いたけど、カフェに行くほどでもない時は、買物がてらにもらう、カルディの試飲コーヒーでうるおす」（都内の五〇代女性）という声も耳にした。

「スティックコーヒー」市場も拡大

自宅での一人時間を好む人に人気なのが「スティックコーヒー」だ。個別包装されたスティック状の粉末飲料で、たとえば一本に「インスタントコーヒー、ミルク、砂糖」がパックされた商品は、お湯を注げばカフェオレとなる。

この市場を拡大させたのがAGF（味の素ゼネラルフーヅ）。二〇〇二年から「ブレンディ」ブランドで展開してきた。現在のスティックコーヒーの市場規模は約三三〇億円

（同社調べ）といわれ、チルドカップコーヒーの四割弱の市場だが伸び率は大きい。ヘビーユーザーも増え、かつてはなかった三〇本入りの大容量もある。

同社の島本憲仁《のりひと》氏（家庭用第一部長）はこう説明する。

「かつては夏にほとんど売れず、秋・冬・春の三シーズンに強い季節商品でしたが、アイスも強化した結果、夏の売れゆきも伸びました。当初は一人暮らし世帯向けに開発したのですが、実際には家庭の主婦が一休みに飲むケースも多いですね。朝食の支度や掃除を終えた〝自分へのごほうび〟として飲まれる方もいます」

ＡＧＦの商品開発には、四つの視点がある。それは「①環境、②健康、③こだわり、④パーソナル」だという。このうち①の環境は、たとえば容器を瓶から袋の詰め替えタイプに変えるといった省ゴミの活動を中心に展開する。②の健康は、カロリー摂取量を抑えた商品で訴求している。

流通自らが市場を創ったコンビニのカウンターコーヒーとは違い、市販のコーヒー系飲料は、チルドカップコーヒー＝森永乳業、スティックコーヒー＝ＡＧＦと、長年にわたり日本で親しまれてきた飲料メーカーが育て上げてきた。

老舗も新興も手がける「通販のコーヒー」

この十数年で、通信販売で買って自宅や職場で飲むケースもすっかり浸透した。職場では仲間とまとめ買いすることで送料を無料にするなど、工夫した買い方も多い。

現存する最古の喫茶店「カフェー・パウリスタ」（運営は日東珈琲株式会社）も、近年は積極的に通販事業を拡大している。ネットや新聞などで「無農薬栽培　森のコーヒーお試しセット」という広告を見たことがないだろうか。これはパウリスタ店内で出す「森のコーヒー」と同じコーヒー豆だ。ちなみにパウリスタの銀座本店でも販売している。「森のコーヒー」の名前の由来は、ジャングルのような森でコーヒーを育てることがコーヒーにとって最適な環境であると確信したためだという。第四章「サザコーヒー」のところで紹介したシェイドツリー（陰をつくる樹木）に通じる話である。

このコーヒーは「絶妙な酸味と甘みのバランス」が支持されて愛飲者は一五万人を超えたと聞く。これだけなら多くの通販業者がやっている宣伝手法だが、強みは実際に店舗を持っており、社長の長谷川勝彦さんが直接産地に足を運んでいることだ。

通販事業者としては「1杯19円」の訴求で知られる「ブルックス」が有名だろう。昔よりも取扱い品目も拡大して多くのメディアに広告を出稿しているが、残念ながら取材に一切応じない企業方針なので、くわしい数字はわからない。

それでも一杯一九円という訴求は、コーヒー好きで毎日何杯も飲む人の経済観念にも訴えている。カフェにとってコーヒーは原価率の低い、つまり利益幅の大きい商品だ。一般に、どんなに最高級の豆を使っても一杯の原価は五〇円未満といわれる（商品オークションの最高値で買う場合は除く）。雰囲気も含めて楽しむ、店のコーヒーとは前提条件が違うが、収入が伸びない時代の「うちカフェ」需要として見逃せない存在だ。

サードウェーブは「昭和の喫茶店」そのものだ

カフェと隣り合うコーヒー飲料を見てきたが、最後に本書のテーマである「カフェと日本人」の視点で、今後の人気が期待できそうなカフェ・喫茶店を、キーワードで予想してみよう。

（1）「開放感」や「特別感」

ここで示した開放感は入りやすさにも通じる。一九七〇年代の喫茶店は外から店内の様子がわからず、手狭な座席の店が多かった。業界関係者に聞くと「喫茶店は少し特別な場所だったため、閉鎖的な空間を楽しんだ。未成年がたばこを吸ったり、大人っぽくふるまうにも都合がよかった」ともいう。現代ではそうした店づくりは、初めての客に受け入れられない。次の見える化にも通じるが、入りやすい開放感が大切だ。

一方の特別感も大げさなものではなく、少し脱日常という感覚だ。外食でしか味わえない雰囲気や味もそうだし、ちょっとだけ大切にされると気分がいい。第三章で紹介した「猿カフェ」は、客が帰る際にドアの外まで見送るが、店によってはこんな行為も有効だろう。

（2）作業や生産・流通過程の「見える化」

百貨店や駅ビルに入居する総菜店で、ガラス越しに調理する姿が見える店は行列を呼びやすい。もちろん「おいしい」が大前提だが、つくる過程が見えると安心感も増す。

こうした作業の見える化は、さらに進むだろう。最近は、厨房が見える飲食店も増えた。筆者の〝肌感覚〟では関西が先んじた感がある。第一章で記した京都「小川珈琲」の作業の見える化もそうだ。大阪や兵庫に店舗を展開する「ヒロコーヒー」は、焙煎工場にガラス窓をつけており、焙煎の様子が見られるようになっている。

流通過程の見える化は導入を進める店も多い。コーヒーでいえばフェアトレード（コーヒー豆を安値で買いたたかず、安定した価格で生産者と継続取引すること）やレインフォレスト・アライアンス（森林保護や野生動物の成育に配慮して栽培し、労働者に適正な労働条件を与えている農園を認証したもの）のコーヒーを積極的に扱う姿勢もこれに当たる。また、コーヒー豆をブレンドしない、シングルオリジンも見える化といえる。

（3）あんばい・サジ加減

味つけでもお客に選択の余地を残す「ほどほど」や「これぐらい」という意味だ。

かつての脱サラマスター全盛時代の喫茶店は、自分の好みのコーヒーにこだわる店主が多かった。だが一方で、昭和の喫茶店がダメになった理由は「コーヒーに必要以上にこだわりすぎたから」という指摘もある。嗜好品なので、お客の好みに迎合していては感動を与えられないが、自分の好みを打ち出し過ぎてもお客は引いてしまう。

昭和時代の志ある店主は、専門誌などで勉強した人が多かったと聞くが、現在の店主もコーヒーに対する情熱は強い。ただし「自分が好きな味」の押しつけではなく、「お客が好む味」を創り出さなければならない。

その意味で象徴的なのが、スターバックス店内の「コンディメントバー」という空間だ。ミルクやシロップ（ガムシロップ、はちみつ）、パウダー（シナモン、ココア、バニラ）などが置いてあり、お客は好みに応じて味つけできる。実は店内で見ていると、利用している人をあまり見かけない。それでも「自由度」を残してある。店の味にこだわりつつも「よろしかったら……」の部分を残してあげたほうが、お客は喜ぶのだ。

（4）ヘルスケアからビューティケアへ

健康機能性を訴求したコーヒーが増えていることは、缶コーヒーのところで指摘した。これからのキーワードの一つ「ヘルスケア」の視点を、どんな形で店に取り入れていくか。

たとえばコーヒーの新たな効能が発見されて、肌の新陳代謝に効果的だったりすれば、オーガニックカフェとは違う意味で、女性客を呼び込めるだろう。現在、無添加で人気の大手化粧品の直営店でもドリンクコーナーを設けているが、あまり本気度が感じられない。

カフェ経営者に女性が目立つ時代。飲食店なので味にこだわりつつ、ヘルスケアを一歩進めた「ビューティケア」の視点を打ち出せば、新たな人気を呼ぶかもしれない。

(5)「生活文化」としての役割

日本のカフェや喫茶店は、その時代の流行や生活風俗を取り入れながら、独自の文化として一二五年を超える時を刻んできた。そのDNAを踏まえた「温故知新」の視点もある。

たとえばここ数年、日本でも米国発「サードウェーブコーヒー」の人気が続く。米国のサードウェーブとは、スターバックスなどシアトル系が牽引したセカンドウェーブに続く〝波〟で、コーヒーはエスプレッソ系のアレンジコーヒーではなく、ドリップコーヒーが一般的だ。ドリップコーヒーを淹れる器具のサイフォンも注目されている。サードウェーブというと目新しいが、実際には日本の「昭和の喫茶店」で人気だったスタイルそのものだ(当時は「サイフォン喫茶」とも呼ばれていた)。

フルサービスの喫茶店の復権も同じだ。日本人はカフェでまったり過ごすのが好き。第一章で紹介したスターバックス店内のソファは、昭和時代から喫茶室ルノアールが導入していた。最近のドトールは、かつて「ドトール・コーヒーショップ」(セルフカフェ）が駆逐した、昔ながらの喫茶店のよさを取り入れた「星乃珈琲店」（フルサービスの喫茶店）を一所懸命に展開し、支持を集めている。

その視点で考えると、コンビニのコーヒーは新たな文化を生み出すのだろうか。大人気のカウンターコーヒーは、喫茶文明としてはいいのだが、生活文化の視点では厳しい。

すでにコンビニ各社は、次の一手やその次の一手を企画している。カフェを併設する動きも進む。狭い店内とくつろげるイートインスペースが両立するかどうかも含めて注視していきたい。

多くの業界を取材する立場でいえば、カフェ業界は大手・中堅クラスで経営者が一切取材に応じない会社が多く、電話で了解を取った上で企画書を送っても連絡すらしてこない会社もある。カフェブームが巻き起こり、世間の注目を浴びている業界にしては残念でならない。企業対応を含めて「接客業」だと思うので、改善に期待したい。

最後に中長期的な話にも触れておこう。フルサービスの喫茶店にお客が戻ってきた現象は、中高年が昔なじみの懐かしさで利用するとともに、セルフカフェになじんできた若者が喫茶店のよさを知るきっかけにもなる。筆者の肌感覚では、以前に比べて二〇代の人の喫茶店好きが増えたように感じる。

また二〇〇〇年頃に始まったカフェブームから十数年を経た現在、こんな話もある。コーヒー好きが高じてカフェを開いた店主の中に、「高校時代には毎朝自宅で、ペーパードリップでコーヒーを淹れ、それをポットに入れて学校に持参していた」という人がいるのだ。これは家庭ではインスタントコーヒーが一般的だった昭和時代にはなかった話だ。こうした環境で育った人が増えると、一〇年後や二〇年後は、どんなカフェが人気となるのだろうか。


現在、「カフェ」という言葉は、店だけを示すものではなく、交流場所のような意味でも頻繁に使われる。「××カフェ」と呼ぶシンポジウムやトークショーがその一例だが、今後は、より一層そうした用い方がされるはず。それとともに交流の仕方も多様化するだろう。

二一世紀の日本で暮らす生活者（日本人に限らない）にとって、もはやカフェは「人と場所の代名詞」なのだ。

おわりに――それぞれの記憶に残る「カフェと人生」

「カフェと日本人」というテーマに向き合えば向き合うほど、人生におけるカフェの存在についても考えさせられた。本書では、あえて自分の感想も入れてみた。客観的な記述だけでなく、一人の日本人としての視点も組み込んだほうが、タイトルにふさわしい気がしたのだ。

喫茶王国と呼ばれる愛知県で育った筆者の「カフェ探索の原点」といえる店が、一〇代までを過ごした同県春日井市で今も元気に営業している。「舞利津地《ブリッヂ》」という創業半世紀近くの店だ。この店には、五五歳で他界した父との思い出が残っている。

百貨店に勤めていた父は木曜日が休日で、行きつけの喫茶店で過ごすのが息抜きだった。小学生時代の筆者は、木曜に学校から帰ると、この店を含めて何店かの喫茶店をのぞいた。新聞を読みながらたばこを吸う父を確認すると、店に入り、ミックスジュースを飲ませてもらうのが楽しみだった。当時のミックスジュースはバナナとミカンを混ぜた味で、店によってバナナを打ち出した味、ミカンを打ち出した味、と違いがあることにも気づいた。

二〇一四年三月の朝、久しぶりに同店を訪れると、すっかりリニューアルされていた。三六席ある店内は、小雨の降る平日朝でもほぼ満席。モーニングメニュー（七時半〜一〇時半）は三五〇円で「Aセット」はトースト・ゆで卵・ミニサラダつき。「Bセット」は手づくりパン・ゆで卵・ミニサラダつき。この日の手づくりパンはウインナーソーセージ入りだった。

お話を聞くと、現在の店主・長谷川孝子さん（一九五五［昭和三〇］年生まれ）は創業者夫妻の長女。手づくりパンは、パン教室に通って技術を会得した、娘の雅代さんがつくっている。接客してくれた愛想のよい女性は雅代さんの同級生、カウンターの中でランチの準備をしていたコック服姿の男性も同級生だとか。ちなみにランチはミニコーヒーがついて六五〇円だ。

「薄利で頑張っていますよ」と笑う店主を見ながら、〈これから地域で生き残るのは、こういう身の丈に合った運営をする店なのだろうな〉と思った。

誰もが、人生において記憶に残るカフェがあるのではないだろうか。

ここまで目を通していただいた、あなたにお聞きしたい。

「もう一度、訪れてみたいカフェは、どこの何という店ですか？」

参考文献

本書の執筆にあたっては以下の著書や資料を参考にさせていただきました（単行本、雑誌、統計資料の順に記しました）。著者・関係者にお礼申し上げます。

・『明治・大正家庭史年表』（下川耿史・家庭総合研究会編／河出書房新社）
・『昭和・平成家庭史年表』（下川耿史・家庭総合研究会編／河出書房新社）
・『琥珀色の記憶　時代を彩った喫茶店』（奥原哲志著／河出書房新社）
・『江戸たべもの歳時記』（浜田義一郎著／中公文庫）
・『断腸亭日乗』（永井荷風著／岩波書店）
・『喫茶店の時代　あのときこんな店があった』（林哲夫著／編集工房ノア）
・『近世都市空間の関係構造』（岩本馨著／吉川弘文館）
・『徳川宗春　〈江戸〉を超えた先見力』（北川宥智著／風媒社）
・『日本で最初の喫茶店「ブラジル移民の父」がはじめた　カフエーパウリスタ物語』（長谷川泰三著／文園社）
・『東京のうまいもの　散歩のとき何か食べたくなって』（池波正太郎著／平凡社）
・『虫庭の宿　溝口薫平聞き書き』（野口智弘著／西日本新聞社）
・『湯布院発、にっぽん村へ』（中谷健太郎著／ふきのとう書房）
・『由布院の小さな奇跡』（木谷文弘著／新潮新書）
・『月刊カフェ＆レストラン』（旭屋出版）
・『週刊現代』（講談社）

・『銀座』（銀座社）
・（社）全日本コーヒー協会「コーヒー関係統計」
・ＪＴ「全国喫煙者率調査」
・総務省統計局「家計調査」
・名古屋市総務局企画部統計課「14大都市の喫茶店数と人口・面積及び1世帯当たり年間の喫茶代」（平成16年）
・（社）全日本コーヒー協会「コーヒーの需要動向に関する基本調査」
・国税庁「民間給与実態統計調査」
・厚生労働省「年次別の所得の状況」（平成24年）
・新生銀行　ライフスタイル・ラボ「サラリーマンのお小遣い調査」、「サラリーマンのお小遣い調査30年白書」（ともに２０１３年）

N.D.C. 914　218p　18cm
ISBN978-4-06-288287-3

講談社現代新書　2287
カフェと日本人《にほんじん》
二〇一四年一〇月二〇日第一刷発行

著　者　高井尚之《たかいなおゆき》

発行者　鈴木　哲
発行所　株式会社講談社
東京都文京区音羽二丁目一二—二一　郵便番号一一二—八〇〇一
電　話　出版部　〇三—五三九五—三五二一
販売部　〇三—五三九五—五八一七
業務部　〇三—五三九五—三六一五
装幀者　中島英樹
印刷所　凸版印刷株式会社
製本所　株式会社大進堂
定価はカバーに表示してあります　Printed in Japan

「講談社現代新書」の刊行にあたって

教養は万人が身をもって養い創造すべきものであって、一部の専門家の占有物として、ただ一方的に人々の手もとに配布され伝達されうるものではありません。

しかし、不幸にしてわが国の現状では、教養の重要な養いとなるべき書物は、ほとんど講壇からの天下りや単なる解説に終始し、知識技術を真剣に希求する青少年・学生・一般民衆の根本的な疑問や興味は、けっして十分に答えられ、解きほぐされ、手引きされることがありません。万人の内奥から発した真正の教養への芽ばえが、こうして放置され、むなしく滅びさる運命にゆだねられているのです。

このことは、中・高校だけで教育をおわる人々の成長をはばんでいるだけでなく、大学に進んだり、インテリと目されたりする人々の精神力の健康さえもむしばみ、わが国の文化の実質をまことに脆弱なものにしています。単なる博識以上の根強い思索力・判断力、および確かな技術にささえられた教養を必要とする日本の将来にとって、これは真剣に憂慮されなければならない事態であるといわなければなりません。

わたしたちの「講談社現代新書」は、この事態の克服を意図して計画されたものです。これによってわたしたちは、講壇からの天下りでもなく、単なる解説書でもない、もっぱら万人の魂に生ずる初発的かつ根本的な問題をとらえ、掘り起こし、手引きし、しかも最新の知識への展望を万人に確立させる書物を、新しく世の中に送り出したいと念願しています。

わたしたちは、創業以来民衆を対象とする啓蒙の仕事に専心してきた講談社にとって、これこそもっともふさわしい課題であり、伝統ある出版社としての義務でもあると考えているのです。

一九六四年四月　野間省一

趣味・芸術・スポーツ

日本史

369 地図の歴史(日本篇) 織田武雄
1258 身分差別社会の真実——斎藤洋一 大石慎三郎
1265 七三一部隊——常石敬一
1292 日光東照宮の謎——高藤晴俊
1322 藤原氏千年——朧谷寿
1379 白村江——遠山美都男
1394 参勤交代——山本博文
1414 謎とき日本近現代史 野島博之
1599 戦争の日本近現代史 加藤陽子
1643 天皇と日本の起源 遠山美都男
1680 鉄道ひとつばなし——原武史
1685 謎とき本能寺の変——藤田達生

1707 参謀本部と陸軍大学校 黒野耐
1797 「特攻」と日本人——保阪正康
1885 鉄道ひとつばなし2——原武史
1918 日本人はなぜキツネにだまされなくなったのか 内山節
1924 東京裁判——日暮吉延
1971 歴史と外交——東郷和彦
1982 皇軍兵士の日常生活 一ノ瀬俊也
2031 明治維新 1858-1881 坂野潤治 大野健一
2040 中世を道から読む——齋藤慎一
2051 岩崎彌太郎——伊井直行
2089 占いと中世人——菅原正子
2095 鉄道ひとつばなし3——原武史
2098 戦前昭和の社会——井上寿一

2102 宣教師ニコライとその時代——中村健之介
2106 戦国誕生——渡邊大門
2109 「神道」の虚像と実像 井上寛司
2131 池田屋事件の研究——中村武生
2152 鉄道と国家——小牟田哲彦
2154 邪馬台国をとらえなおす——大塚初重
2190 戦前日本の安全保障——川田稔
2192 江戸の小判ゲーム——山室恭子
2196 藤原道長の日常生活 倉本一宏
2202 西郷隆盛と明治維新 坂野潤治

世界史Ⅱ

日本語・日本文化